KB260559

서로이음 사서교사 서평집

책의 세계를 지키는 사람들

2025년 4월 10일 1판 1쇄 펴냄

글 한국학교도서관협의회
표지그림 손령숙
편집디자인 책마을해리

펴낸곳 도서출판 기역 | **출판등록** 2010년 8월 2일(제313-2010-236)
주소 경기도 파주시 회동길 363-8 출판도시 | 전북 고창군 해리면 월봉성산길 88 책마을해리
전화 070-4175-0914 | **전송** 070-4209-1709 | **전자우편** bookdota@naver.com

ⓒ 한국학교도서관협의회, 2025
ISBN 979-11-94533-03-0 (03370)

이 책은 친환경 종이로 만들었습니다.

서로이음 사서교사 서평집

책의 세계를 지키는 사람들

한국학교도서관협의회 **지음**

ㄱ

책의 세계를 지키는 사람들

'서로이음'이라는 이름으로 펴내는 네 번째 서평집입니다. 이번 책의 주제는 '책의 세계를 지키는 사람들'입니다. 구절 뒤로 여러 질문이 따라옵니다. 책의 세계를 지키는 사람들은 누구일까요? 책의 세계란 무엇일까요? 책의 세계는 어떤 모양으로 이루어져 있을까요? 책의 세계를 지킨다는 것은 무엇을 의미할까요? 등등…. 앞으로 두 권의 책을 할애하여 '책의 세계를 지키는 사람들'에 관한 이야기를 나누고자 합니다. 이는 위 질문들에 잘 답하기 위해 혹은 더 좋은 질문을 던지기 위해서이기도 합니다.

서로이음은 어린이·청소년들이 좋은 책에 가닿을 수 있도록 마중물이 되겠다는 목표 아래 주제와 형식부터 발간 형태까지 매번 새로운 시도를 더 하고 있습니다. 이 책에서는 근간 중 좋은 책을 가려내어 소개하는 60편의 서평 외에 '책의 세계를 지키는 사람들'이라는 기획 주제를 더했습니다. 글쓰기에 도전하는 사서교사의 에세이부터 사서교사와 국어교사가 함께하는 성장소설 읽기 수업, 남자중학교 학생들과 함께한 사서교사의 고전 읽기 수업, 부산으로 떠난 사서교사의 책 여행기, 북 아티스트, 그림책 도슨트와의 인터뷰까지

기획 주제 그대로 책의 세계를 지키는 사람들의 이야기를 담았습니다.

아무도 책을 읽지 않는다는 우려의 목소리가 들려옵니다. 그러나 동시에 좋은 이야기를 찾아 헤매는 사람들의 모습이 보입니다. 지금의 우리가 함께 만드는 책의 세계는 어떠한 모습으로 자리 잡게 될까요? 구체적인 상상은 현실을 만드는 징검다리가 되리라 생각합니다. 우리가 바라는 책의 세계에 한 발짝 가까워지길 바라는 마음으로 초대장을 띄웁니다.

서로이음 기획단 구혜진, 나현정, 김담희, 배고은, 심하나, 정경진을 대표하여

김담희 사서교사

차례

기획
특집

책의 세계를 지키는 사람들

글쓰기 도전

― 김선애

글을 쉽게 써 내려간 적이 한 번도 없었다. 어떤 사람들은 금세 글을 완성하기도 하고, 하고 싶은 말이 많아 페이지가 부족하다고도 한다. 하지만 나는 늘 한 편을 완성하기까지 며칠을 고민해야 했다. 『사서교사의 하루』를 집필할 때도 마찬가지였다. 잠을 자면서도, 출퇴근길에서도 어떤 글감을 어떻게 풀어낼지 머릿속이 복잡했다. 그렇게 공들여 쓴 글도 막상 출판사에서 돌아오는 피드백은 냉정했다. "이야기가 밋밋하다", "감동이 부족하다", "다시 써보는 게 어떨까요?"라는 말에 자신감이 점점 사그라들었다.

그렇게 글쓰기의 어려움을 온몸으로 느끼던 차에, 시교육청에서 주최하는 김혼비 작가와의 만남이 열렸다. '다정소감'이라는 주제로 선생님들이 하루 중 다정함을 발휘한 순간을 사진과 함께 짧게 기록해 공유하는 행사였다. 짧은 글이라 부담이 적었고, 소정의 상품까지 준다고 하니 한 번 도전해 보기로 했다.

며칠 후, 내 글이 행사에서 소개된다는 연락을 받았다. 반가운 소식이었지만 왠지 불안했다. 김혼비 작가는 강연에서 좋은 글에 대해 이야기하며, 글쓰기 수업에서 흔히 하는 실수 중 하나로 '반성과 다짐'을 강조하는 글이 많다는 점을 꼽았다. 그리고 자연스럽게 선생님들의 다정소감을 소개하는 시간이 되었고, 큰 화면에 내 글이 띄워졌다. 문제는 내 글에도 반성과 다짐이 가득했다는 점이었다. 사회자 선생님도 당황한 듯 말을 이었다.

"다음은 ○○고등학교 김선애 선생님의 다정소감입니다. 아…! 처음 읽을 때는 참 감동적이었는데요…. 음… '~만드신 마음과 추억도 그대로였습니다.' 작가님의 조언대로라면 여기까지만 쓰면 더 좋은 글이 되겠죠?"

순간 강당 곳곳에서 웃음이 터졌다. 그 와중에 '선생님 글이 소개됐어요!'라며 사진을 보내는 메시지들이 쏟아졌다. 내 심정을 아는지 모르는지, 다들 신이 난 듯했다. 강연이 끝난 후 선생님들이 다가와 말을 건넸다.

"언니 글 덕분에 작가님이 말하는 좋은 글이 뭔지 확 와닿았어요. 언니는 부끄러웠겠지만, 우리는 덕분에 웃었어요."

"그래, 우리도 흔히 하는 실수잖아. 괜찮아!"

이럴 때 발끈하면 안 된다. 넓은 마음을 가진 사람처럼 보이고 싶어서 태연하게 웃으며 말했다.

"뭐… 반성과 다짐이 가득한 글을 썼지만, 선물은 꼭 챙겨 주세요."

"제가 덕분에 좋은 글의 기준을 확실히 알게 해드렸으니 의미 있는 일이었네요."

그리고 다음 날, 또 다른 연락이 왔다. 『사서교사의 하루』 책에 쓴 것처럼, 학교도서관에서의 일상을 담은 에세이 원고를 써줄 수 있겠냐는 요청이었다.

'마음의 상처가 채 아물지도 않았는데….'

어제의 글쓰기 에피소드와 새로운 원고 청탁을 두고 친한 선생님들에게 의견을 물었다. 다들 장난스럽게도, 진지하게도 반응했다.

"나 같으면 어제 밥도 못 먹고 앓아누웠겠다."

"그냥 그 작가 취향이랑 안 맞았던 거지!"

"좋은 글이 뭔지 챗GPT한테 한 번 물어봐."

그러나 결국, 기회가 왔을 때 도전을 멈추지 않는 것이 중요하다는 조언이 돌아왔다. 그 분야에서 진짜로 의미 있는 사람이 될지, 아니면 그냥 흉내만 내는 사람이 될지는 내 선택이라는 말도 덧붙였다.

'나는 내 분야에서 진심으로 임하고 있을까?'

스스로에게 묻고 나서야 답했다.

"앗… 겨울 휴가 때 아무것도 안 하고 싶었는데… 에세이 한 번 써 볼게요."

나도 내 분야에서 '찐'인 사람이 되고 싶다. 욕심이 있다. 언젠가는 글을 써달라는 부탁을 받을 때, 망설이지 않고 "네!"라고 자신 있게 대답할 수 있을까? 짧은 글이든 긴 글이든, 글을 쓰는 일은 여전히 어렵고 앞으로도 어려울 것이다. 하지만 누군가의 조언처럼, 글쓰기에 대한 도전은 계속될 것이다.

사서교사와 국어교사가 함께하는 독서수업

— 백재숙, 나현정, 김혜지

왜 성장소설인가?

청소년기는 자신을 탐색하고 세상과 관계를 형성해 나가는 중요한 시기입니다. 그러나 많은 학생이 자신의 감정을 명확히 표현하지 못하거나 타인의 감정에 무심한 태도를 보이며, 일상을 단조롭게 느끼기도 합니다. 이런 무심한 일상에 활기를 더하고 자신과 타인의 마음에 다가가는 길을 일깨우고자 성암국제무역고등학교에서는 2024년 3월부터 10월까지 1학년 학생들과 함께 '친구야, 성장소설 함께 읽자'(독서수업) 프로젝트를 진행하였습니다.

성장소설은 혼란과 도전 속에서도 용기를 내어 나아가는 주인공들의 이야기를 담고 있습니다. 학생들은 이를 통해 자신의 고민을 돌아보고, 문제를 해결하는 다양한 방식을 배우며, 타인의 감정을 이해하고 공감하는 법을 익힙니다.

이번 프로젝트는 단순한 독서 활동을 넘어, 북 트레일러 제작과 같은 창의적인 작업을 더해 독서 경험을 확장하는 데 중점을 두었습니다. 학생들은 책의 핵심 메시지를 영상으로 표현하며, 깊이 있는 대화를 나누고 협업하는 과정에서 공감과 이해의 폭을 넓혀갔습니다. 책을 읽고, 느끼고, 기록하는 과정은 곧 자신의 성장 이야기를 써 내려가는 여정과도 같습니다. 성장소설이 전하는 다정한 위로와 삶의 지혜가 더 많은 청소년에게 닿기를 바라며, 본교에서 진행한 수업 내용을 소개합니다.

성장소설과 함께하는 독서 프로젝트

(1) 성장소설 선정 및 독서 환경 조성

먼저, 학생들의 독서 수준과 관심사를 반영해 성장소설 20권을 선정한 후, 설문조사를 통해 최종 13권을 확정하였습니다. 학생들이 원하는 책을 자유롭게 선택해 읽을 수 있도록 했으며, 도서관을 독서 공간으로 마련해 조용하고 편안한 분위기에서 독서를 즐길 수 있도록 하였습니다. 또한, 학생들이 자신의 속도에 맞춰 책을 읽을 수 있도록 자율적으로 독서 계획을 수립하도록 지도하고, 개인별 도서 선택의 자유를 존중하는 방식으로 진행하였습니다.

번호	도서	번호	도서
1	달의 방(최양선) 140쪽/9.5점/2021.03출간	11	안녕, 나의 우주(오시은) 226쪽/9.4점/2021.03출간
2	너만 모르는 진실(김하연) 192쪽/9.4점/2022.10출간	12	소록도의 눈썹달(서동애) 160쪽/9.8점/2018.02출간
3	2미터 그리고 48시간(유은실) 160쪽/9.6점/2018.09출간	13	나의 스파링 파트너(박하령) 192쪽/9.3점/2020.02출간
4	체리새우: 비밀글입니다(황영미) 200쪽/9.6점/2019.01출간	14	여름을 한 입 베어 물었더니(이꽃님) 192쪽/9.7점/2023.08출간
5	너를 위한 B컷(이금이) 168쪽/9.7점/2023.06출간	15	어른 냄새(정승희) 154쪽/9.8점/2021.02출간
6	존버, 내 인생(오채) 164쪽/9.9점/2023.05출간	16	원 테이블 식당(유니게) 156쪽/9.8점/2019.09출간
7	산책을 듣는 시간(정은) 180쪽/9.6점/2018.08출간	17	비스킷(김선미) 228쪽/9.6점/2023.09출간
8	네임 스티커(황보나) 168쪽/9.7점/2024.01출간	18	언제든지 스마일(박경희) 188쪽/9.5점/2023.01출간
9	선 위의 아이들(남예은) 172쪽/9.6점/2024.04출간	19	클로버(나혜림) 212쪽/9.7점/2022.09출간
10	순례 주택(유은실) 256쪽/9.6점/2021.03출간	20	소금 아이(이희영) 232쪽/9.9점/2023.06출간

※ 200페이지 내외 분량의 출간된 지 5년 이내의 성장소설 20권을 선정하여 제시하였으며, 이 중 학생들이 선택한 13권의 작품으로 프로젝트를 진행하였습니다.

(2) 성장소설 읽기 및 토론 활동

학생들은 개별적으로 책을 읽고, 모둠별로 토론하며 책의 내용을 깊이 이해하는 시간을 가졌습니다. 토론을 통해 다음과 같은 질문을 중심으로 생각을 나누었습니다.

* 이 책에서 가장 인상 깊었던 장면은 무엇인가?

* 주인공의 선택에 공감하는가? 그 이유는?

* 책의 내용이 자신의 삶과 어떤 연관이 있는가?

* 이 책이 전하는 메시지는 무엇인가?

이러한 토론을 통해 학생들은 타인의 생각을 존중하며 자신의 의견을 논리적으로 정리하는 능력을 키웠습니다. 특히, 책 속 주인공의 경험을 자신의 삶과 연결하는 과정에서 깊이 있는 자기 성찰의 기회를 가질 수 있었습니다.

백재숙 + 33 · 3개월

성장소설 읽고 성장하기

1학년 3반	1학년 4반	1학년 5반	1학년 6반

너만 모르는 진실/ 신여은

이 책에서 제갈 윤이 떨어질때 '나는 또 생각한다. 다른 방법은 없었을까. 이제너무 늦었다.' 라는 구절이 인상깊었다. 왜냐하면 여러 사람들의 거짓말과 괴롭힘으로 인해 제갈 윤이 학교에서 떨어지는 순간 결국 후회한것이 가엾었다. 그래서 나는 내 주변사람들을 잘보고 챙겨 줘야겠다고 생각했다. 그리고 소영이같은 애들이 있다면 진실을 말하고 용서를 구해야 한다고 생각했다.

체리새우 : 비밀글입니다. / 10707 박송현

이 책을 읽고 난 후 책의 주인공인 다현이 처럼 나도 중학교 때에는 새 학년을 올라가면 친구관계 부터 걱정했었다. ' 나만 이 반에 못 어울리면 어쩌지 ' 라는 생각도 들었고 ' 남한테 내가 이상하게 보이면 어떡하지 ' 라는 생각도 들었었다. 그래서 나는 유독 다현이라는 인물에게 나와 비슷한 모습이 보여서 더 공감이 갔고 정이 많이 들었던 인물 같다. 그리고 책의 결말에서는 다현이가 결국은 남의 시선만 신경 쓰며 자신이 좋아하는 걸 포기하는 태도를 바꾸고 정말 남의 시선만을 신경 쓰는 것이 아닌 자신이 진짜 원하는 걸 생

여름을 한 입 베어 물었더니| 이꽃님| 10310이건서

이 책에서 가장 인상 깊었던 내용은

작가는 청소년 시기에 알아야 할 것들, 고민되는 부분, 청소년 시기에 어떻게 세상을 바라보고 어떻게 살아가야 할지에 대해 다양한 방식의 소설로 우리에게 다가왔다

너만 모르는 진실/김하연

이 책을 읽고 인생에서는 트라우마가 우리에게 큰 영향을 끼친다고 생각이 들었다. 어렸을 적 겪었던 트라우마는 잊기도 어렵고 어른이 되어서도 극복되지 않은 경우가 많다. 이 책에서는 인간관계에 어려움을 겪는 학생이 나오는데 그 학생에게 아주 작은 손 내밈도 큰 힘이 될 수 있다는 걸 보여줌으로써 청소년들의 생각을 정리할 수 있게끔 해주는 단편소설이다.

10714이지영/달의 방/최양선

참 여러가지로 대단한 책이었다. 기존에 있던 생각을 달리하고 처음부터 이미 생각했던 생각을 깨부수는 책이었다. 다른 측면에서 이것으로맨스가 아니며 일상이 되기도

달의방/10605김주이

달의 방은 5명의 주인공들이 각자의 아픔을 가지고 그 아픔을 이겨내는 이야기이다. 이 책을 읽으며 가장 인상 깊었던 내용은 우주라는 주인공이 지수라는 아이가 걱정이 되어 자신도 두렵고 아픔을 가진 상태에서 용기를 내서 택시를 잡은 후 자신과 같은 아픔을 겪었지만 다른 선택을 한 영진이에게 전화를 걸어 지수가 다니는 화실로 향하는 우주와 그런 우주의 전화를 받은 영진이의 대화 장면이 가장 인상 깊었다. 그 이유는 우주도 아직 아픔을 완전히 극복하지 못했음에도 지수라는 아이가 자신이 겪었던 일들을 혹여나 겪게 될까 하는 걱정이 된다는 마음으로 화실로 향했다는 점에서 따뜻하고 감동적이라고 느껴졌기 때문이다. 우주라는 주인공 외에도 4명의 서로 다른 아픔을 지닌 주인공들이 나오게 되는데 그 주인공들이 아픔을 이겨내는 장면들을 보며 나에게 원하지 않는 변수가 찾아와도 이 책에 나온 주인공들처럼 극복하고 성장하고 싶다는 생각이 들었다. 이렇게 아픔을 겪고도 용기를 내어 자신이 제일 힘들었던 공간으로 향할 수 있는 사람이 얼마나 될까 하는 궁금증이 생겼다. 아마 많지는 않을 것이다. 이런 질문을 스스로에게 던져봤을 때 나조차도 갈 수 있다고 확실

10716 현예은 체리새우 : 비밀글 입니다.

온따 경험이 있는 주인공이 다섯 손가락안에서 눈치보고 불편한 상태에서 지내다가 노은유다, 시후, 해강이 등의 친구들을 만나며 친해지고 그 과정에서 그 아이들이 싫었던 다섯손가락의 아이들은 그 아이들과 친해진 주인공을 따돌리기 시작했다. 주인공은 그런 다섯손가락 아이들에게 정이 떨어져 연을 끊고 은유와 개인사정을 서로 터 놓으며 더욱 친해진다. 결국 순기면 블로그를 공개로 돌리고 마음을 연다.

"다른사람의 시선에 과도하게 에너지 낭비할 필요 없어. 남들이 뭐라고 하던 너한테 집중해." 라는 말이 책에서 나왔었다. 나는 이말이 나에게 하는 말 같아서 정말 위로가 됬다. 내가 평소에 장난끼도 많은 면이 있지만 사실 주인공처럼 남 눈치를 보는 면도 있어서 이 말이 가장 와 닿았던 것 같다. 그 이유중 하나로는 주인공과 내가 많이 닮았다는 것도 한 몫했다. 나도 초등학교때는 살짝 겉돌았지만, 중학교로 올라오면서 주인공처럼 진정한 친구를 찾게되어 잘지내게 되었다.

앞에 인용했던 구절처럼 다른사람의 눈치를 덜 보도록 노력해볼 예정이다. 주인공이 말했듯 모든사람이 날 좋아할수는 없기에 내가 싫다는

1학년 7반

10609 이서연

감상문: [체리새우: 비밀글입니다]
를 읽고 나서 이 작품의 주인공에게
서 동질감을 느꼈다.본 작품 속 주인
공은 친구들에게 은따를 당한 적 있
는 아이이다.
그렇기에 무리에서 튀는 것을 싫어
하고, 싫은 일을 당해도 아무 말 하
지도 못한다.
그런데 이 주인공은 자신이 속한 무
리에서 대부분 싫어하는 아이들과
수행평가를 같이 하면서 친해지게
되고 자신의 무리 아이들이 새로 친
해 진 아이들을 왜 미워하는 지에 대
해 의심하게 된다.
어떤아이가 '그 애 이상하지 않아?'
라고 싹을 틔우며 모두 거기에 공감
하며 그 싹을 키우는 것이다.
그렇게 나중에 어떤아이가 지목한
그 애 는 어마무시한 괴물이 되어 있
다
동질감이 느껴진 장면들이 너무나
많았다. 그 무리에 튈까라 조심조
심 말하고, 자기 주장도 못하는 상
황… 무척이나 공감된다.

달의 방/10705 김하늬

이 책을 읽고 다양한 사람들과 소수
자들에 대해 관점이 많이 바뀌고 많
은 생각이 들었다. 책에는 동서에

너만 모르는 진실 / 10312
장미

이 책에서 가장 인상깊었던 구절은
'이 세상은 어이없고 불평등한 일 투
성이지만, 내가 어떤 사람이 될지 선
택할 수 있는 기회는 누구도 빼앗지
못하는 거야'라는 구절이다. 왜냐하
면 내가 노력하면 무엇이든 할 수 있
다고 생각하기 때문이다. 또 이 책
을 읽은 후 불안해보이고 위태로워
보이는 친구들이 보이면 모른 척 하
지않고 적극적드로 도와줄 것 이다.

달의방 /10613이예은

이 책에선 옴니버스형식으로 되어
있는데 그 중에서 하나를 말해보자
면 다연과 해리가 주인공이다 다연
과 해리는 교문 앞에서 처음으로
만났다. 다연은 학생이고 해리는 육
상부다
다연이 해리에게 공부에 대한것을
물어보고 해리가 떡볶이를 먹자고
해 점점 친해지게 된다
하지만 한 사건으로 인해 사이가 점
점 멀어지게 된다 하지만 다연이 해
리를 찾아가 다시 사이가 좋아지게
되었다 이런것처럼 이 소설으은 새
로운 친구를 사귀게 되고 싸움도 일
어 나고 화해 할수 있다는것을 보여
준다

10704김은채

이 책에서 복잡한 것, 어려운 것들
이 모두 사라질수 있도록이란 구절

10713 양하은

이책을 읽고 존재감이 없다는게 무
슨 소리인지 잘 몰랐다 존재감이 없
다는게 엄청나게 힘들거나 신경 쓰
이는 말인가? 하고 생각하게 되는
책 이었다 또한 이런 생각을 하는 나
에게 비스킷이라는 부서지기 쉬운
매개체를 단계별로 나누어 현재 사
람들의 상태가 얼마나 약한 상태인
지를 보여주는 점이 이해하기 쉬웠
다 그리고 어딘가에서는 분명 소외
당하고 차별 당할수 있는 주인공이
비스킷들을 도와주고 노련해질 수
있도록 해주는점을 보고 배워야겠
다고 생각했다

10607/박재연/소금아이

이 책을 읽으며 인상깊었던 구절은
소금에 절여 오랫동안 보관할 수 있
는 건, 비단 젓갈뿐만이 아니었다.
사람들의 소문도 마찬가지였다. 삭
힌 젓갈처럼 그저 익어 갈 뿐이었
다. 절대 사라지지 않았다. p.17
이 였습니다.느꼈던 점은 이 책에서
는 양면성을소금처럼 사람은 악할
수도 있고 선할수도 있다는 것을 보
여주고 있다는 것을 깨달았습니다..

존버 내 인생/10708박수빈

장애가 있는가족 과 이렇게 많이 힘
들다는걸 처음 알았다.내가 생각 한
인생이랑 달랐다..읽어보니 독립을
바로 하고싶었을거다. 아님 가출을
하거나..

(3) 북 트레일러 제작 활동

책을 읽은 후, 학생들은 팀을 이루어 북 트레일러를 제작하였습니다. 코바
코 아이작 프로그램과 캡컷 앱 등을 활용해 책의 주요 내용을 요약하고, 창의
적인 방식으로 이야기를 전달하는 영상을 만들었습니다. 이 활동을 통해 학생
들은 디지털 리터러시를 향상시키는 동시에, 책에 대한 이해도를 더욱 깊이 있
게 다질 수 있었습니다. 또한, 기획부터 연출까지 직접 참여하면서 단순한 독
서를 넘어 적극적으로 내용을 해석하고 표현하는 경험을 쌓을 수 있었습니다.

『여름을 한 입 베어 물었더니』 북 트레일러

Tip. 성장소설 읽기 수업의 마지막 활동으로 북 트레일러를 제작하는 이유는 청소년들이 영상 매체에 친숙하기 때문입니다. 스마트폰과 다양한 디지털 기기에 익숙한 이들에게 영상은 중요한 소통 도구입니다. 북 트레일러는 이러한 매체를 활용하여 독서 활동을 더욱 흥미롭게 만들고, 책에 대한 관심을 증대시키는 방법으로 사용됩니다.

(4) 독서 활동 보고서 작성

학생들은 책을 읽고 느낀 점과 주요 내용을 독서 활동 보고서로 정리하였습니다. 또한, 책을 통해 얻은 배움을 돌아보고 삶에 적용할 수 있는 부분을 깊이 생각하는 시간을 가졌습니다. 이를 통해 단순히 책을 읽는 데 그치지 않고, 자신의 생각과 감정을 체계적으로 정리하는 능력을 키울 수 있었습니다.

<성장소설 보고서>

<성장소설 영상 활동지>

학생들의 변화와 반응

프로젝트 종료 후, 수업의 효과를 파악하기 위해 참가 학생들을 대상으로 설문조사를 실시하였습니다. 그 결과 다음과 같은 변화가 있음을 확인할 수 있었습니다.

* 독서에 대한 흥미가 생겼다고 응답한 학생: 90%

* 성장소설 읽기를 통해 공감 능력이 향상되었다고 응답한 학생: 85%

* 친구들과의 토론 활동이 유익했다고 응답한 학생: 88%

* 책을 읽고 자신에 대해 더 깊이 이해하게 되었다고 응답한 학생: 82%

특히, 학생들은 "책을 읽고 친구들과 의견을 나누는 과정이 즐거웠다", "주인공을 보며 나를 돌아보게 되었다" 등의 반응을 보이며, 성장소설 읽기가 자신에게 의미 있는 경험이었음을 표현하였습니다. 또한, 북 트레일러 제작 활동을 통해 학생들은 책의 내용을 정리하고 창의적인 방식으로 표현하는 즐거움을 경험하였으며, 자신들의 작품을 공유하며 성취감을 느꼈다고 응답했습니다.

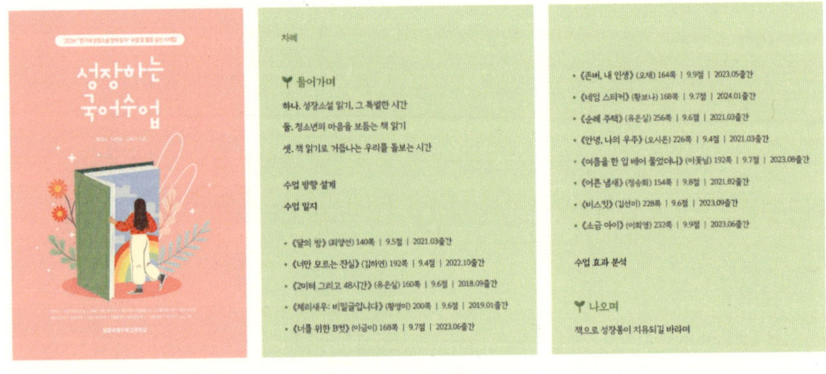

※ 실천 사례집을 제작하여 참여한 학생들에게 배부함으로써, 자신의 글과 친구들의 글을 되새길 수 있도록 하였습니다.

책으로 성장통이 치유되길 바라며

'친구야, 성장소설 함께 읽자' 프로젝트는 학생들이 책을 통해 성장하고, 서로의 감정을 나누며 공감하는 소중한 시간이었습니다. 성장소설은 청소년들에게 친구이자 위로가 되어주며, 삶의 방향을 제시하는 나침반 같은 역할을 합니다.

주인공들의 성장 과정을 지켜보며 학생들은 자신의 고민을 돌아보고, 감정을 이해하고 표현하는 법을 배우며, 타인과의 관계에서 갈등을 해결하는 방법도 자연스럽게 익혀 나갔습니다.

앞으로도 사서교사와 국어교사가 협력하여 성장소설 읽기 프로그램을 운영하며, 학생들이 문학적 감성을 키우고 깊이 있는 사고력을 기를 수 있도록 지원할 예정입니다. 성장통을 겪고 있는 많은 청소년이 성장소설이라는 좋은 친구를 만나 위로받고 힘을 얻기를 바라며, 이 책들이 아픔을 보듬어 주고 더 빛나는 미래로 나아가는 길을 밝혀주기를 진심으로 응원합니다.

고전하는 십대

— 정경진

내가 근무하고 있는 교육청은 최근 몇 년간 인문 고전 독서교육을 통한 도덕적 상상력과 마음 근육 강화를 목표로 「언제나 책봄」 사업을 도내 모든 학교에서 실시하고 있다.

고전(古典)이란 '오랫동안 많은 사람에게 널리 읽히고 모범이 될 만한 문학이나 예술 작품'이라고 정의되어 있다. 몇 년 전 인문 고전의 범위를 결정하는 회의에서 우스갯소리로 한 선생님께서 '고전(古典)'은 누구나 들어보았지만, 누구도 읽지 않은 책이라고 말하여 좌중을 웃게 만들기도 하였다. 이 말에 반문하기는 생각보다 쉽지 않다. '고전(古典)'을 읽는다는 것은 '고전(苦戰)'이라는 말처럼 몹시 힘들고 어려운 싸움이지만, 그럼에도 불구하고 나의 많은 시간과 노동력을 투자할만한 충분히 가치가 있는 일이라고 생각한다! 인간과 세상에 대한 질문의 해답이 '고전(古典)'에 있기 때문이다.

새 학년이 시작되자 자유학기 주제선택 수업 계획서를 제출해 달라는 담당자의 연락을 받고 깊은 고민에 빠졌다. 올해는 어떤 독서수업을 진행해야 책 읽기가 어렵고 지루하다는 편견을 없애고 독서를 통한 지혜와 인성 함양이라는 교육적 가치를 모두 달성할 수 있을까? 심사숙고하여 도교육청의 인문고전 독서교육과 연계하여 그동안 제목은 들어 봤지만 제대로 읽어 본 적 없는 고전을 이번 기회에 파헤쳐 보기로 했다. 우리 학교 학생들이 이 수업을 통해 고전의 가치를 깨달아 자신의 삶을 주도적으로 살아가는 '고전 쫌 아는' 청소년이 되길 바라는 마음으로 수업을 설계하고 진행하였다.

두근두근 2학기와 함께 시작된 자유학기 첫 수업시간! 각 반에서 수업을 신청한 학생들이 도서실로 모여들었다. 「고전하는 십대」 참여 학생이 모두 16명으로, 나름 많은 학생이 참여했다. 자발적으로 참여한 학생 넷, 친구 따라 또는 가위바위보에서 져서 등의 이유로 참여한 학생 열 둘. 시작부터 고전(苦戰)이 예상된다! 책놀이를 활용한 아이스브레이킹을 통해 학생들 마음의 문을 열고 인문 고전의 정의와 독서의 중요성에 대한 수업을 진행한 후 다음주부터 『프랑켄슈타인(메리 셸리)』을 함께 읽을 것을 예고하고 첫 번째 수업을 마쳤다.

자유학기 두 번째 수업부터 일곱 번째 수업까지는 「고전하는 십대」의 첫 번째 주제 도서인 『프랑켄슈타인』으로 진행하였다. 학생들이 번갈아가며 책을 반쪽씩 소리 내어 함께 읽고 활동지를 작성한 후, 매주 다른 토론 주제를 정해서 이야기를 나누며 수업을 진행하였다. 이 책에 대한 배경지식이 전혀 없어 책 읽기가 어려운 학생들이 있어서 『프랑켄슈타인』을 각색한 영화를 편집하여 조금씩 보여주며 장면을 이해하는 데 도움을 주었더니 책 읽기를 싫어하는 학생들도 그 부분은 흥미로워하며 집중해서 참여하는 모습을 보였다. 괴물이 탄생하는 부분을 읽고 난 후 내가 상상하는 괴물을 그림으로 표현하고 발표하는 수업을 진행하였을 때 학생마다 괴물의 모습이나 피부색 등이 다양하게 표현된 것이 독서의 효과라는 생각이 들어 뿌듯했다.

내가 상상하는 괴물 그림으로 표현하기

아이싱쿠키로 책 속 인물 표현하기

『프랑켄슈타인』 수업을 마무리하면서 학생들의 오감만족을 위해 '아이싱쿠키로 책 속 인물 표현하기' 활동을 진행했다. 학생들이 기억에 남는 인물로 빅터 프랑켄슈타인과 괴물을 선택하여 꾸미고 발표하는 모습들을 보며 비록 책 읽기를 어려워하는 학생들이 많았지만, 적어도 프랑켄슈타인이 우리가 아는 그 괴물의 이름이 아님은 확실히 알게 된 것 같아 보람을 느꼈다. '인간의 유전자 조작은 어디까지 허용되어야 하나?'라는 주제로 찬반토론을 진행할 땐 학생들이 솔직하고 다양한 이유로 의견을 개진하는 모습을 보면서 학생들의 생각 주머니가 자란 것을 느낄 수 있었다.

두 번째 주제 도서는 『노인과 바다(어니스트 헤밍웨이)』였다. 소리 내어 읽기에 지쳐있던 학생들이 본인들을 믿어달라며 각자 눈으로 읽게 해달라고 해서 이번에는 독서를 자율에 맡겨보았다. 3주 동안 읽어야 할 분량을 주별로 페이지를 나눠 안내해주었고, 학생들은 수업시간과 그 밖의 자유시간(가정 등)을 활용하여 읽어오기로 하였다. 믿는 도끼에 발등 찍힌다고 하던가? 세 명의 학생만 책을 다 읽어왔고 나머지 학생들은 사연 가득한 변명 아닌 변명을 내뱉었다. 심지어 책이 어디 있는지 모르는 학생들도 있었다! 어찌하겠는가? 이미 시간은 흘렀고, 수업은 해야 하고! 그래서 이런 경우를 대비하여 미리 인터넷에서 조사해놓은 책 소개 영상을 활용했다. 기특하게도 10분 가량의 이 영상은 집중해서 잘 보아서 준비해 놓은 십자말풀이 수업을 진행할 수 있었다. 『노인

『노인과 바다』 소개 영상 보기

짝꿍과 함께 십자말풀이 풀기

과 바다』의 책 내용으로 만들어 놓은 십자말풀이 퀴즈에 선생님의 사랑이 가득 담긴 선물을 준비해 놓았다고 이야기하니 학생들이 짝꿍과 힘을 합쳐 열과 성을 다하여 한 시간이 넘도록 문제를 푸는 열정을 보였다. 휴대폰 찬스와 지인 찬스도 가능하게 하였더니 더욱 흥미진진하였다.

자유학기 수업의 마지막 주제 도서는 『걸리버 여행기(조나단 스위프트)』였다. 아동문학이라는 오해를 벗고, 학생들이 사회를 바라보는 식견이 넓어지길 바라는 마음으로 「고전하는 십대」의 마지막 주제 도서로 선정하였다. 때마침 지역 도서관에서 AI를 활용한 독서수업을 지원해 주어서 아이들이 새로운 독후활동 경험을 할 수 있었다. 먼저 강사님 수업을 지원받기 전에 한 차시 밖에 자유학기 수업시간이 없어서 이번에는 할 수 없이 학생들이 가장 선호하는 영화를 통한 책 읽기를 진행하였다. 소인국 나라에 가게 된 걸리버의 이야기를 아주 우스꽝스럽게 담아놓은 영화라 학생들이 두 시간을 쉬는 시간 없이 재미있게 시청하였다.

그다음 주 강사님께서 패드를 가지고 학교에 방문하셨다. 강사님께서는 학생들이 책을 안 읽었다는 것을 아시고 그림책으로 된 걸리버 여행기를 패드에 담아오셨다. 1교시에는 소인국 이야기까지 강사님께서 TV 화면을 통해 읽어주시고, 대인국과 라퓨타, 후이넘의 이야기는 각자 패드를 통해 읽도록 안내하셨다. 2교시에는 AI를 활용한 책 속 인상 깊은 장면 그리기, 모둠별로 챕터를 나눠 읽고 줄거리 요약하기, 인상 깊은 단락 기록하여 공유하기, 독서퀴즈 만들기 등의 활동에 모둠원이 각자 다른 역할을 맡아 참여하였다. 시간이 짧고, 패드만 보면 호기심이 발동하는 학생들 덕분에 깊이 있는 활동은 안 되었지만, AI를 활용하여 그림을 그리고 내용을 요약하는 활동을 해보았다는 점에서 수업의 의미를 찾을 수 있었다. 『걸리버 여행기』는 출간 당시 정치에 대한 독설과 풍자가 많아 금서로 지정되었고 그 부분을 삭제하여 재출간 후 아동

『걸리버 여행기』그림책으로 읽어주기　　　　AI를 활용한 독후 표현활동 결과물 발표하기

문학으로 탈바꿈되어 대중들에게 읽혀왔다. 하지만 원전『걸리버 여행기』에는 신랄한 인간 혐오와 사회 비판이 가득하다. 학생들이 이 책을 읽고 과연 작가의 뜻을 이해할 수 있을까 우려했는데, 다행히 몇몇 학생들이 작가의 의도를 잘 파악하고 발표해주어서 다른 친구들도 작가의 의도를 알 수 있었다. 청소년들이 비판적인 시각으로 세상과 사회를 바라봤으면 하는 마음에 '내가 2024년을 살고 있는 조나단 스위프트 작가라면 나는 이 시대의 어떤 부분을 비판하는 내용의 소설을 쓸 것인가?'라는 주제의 글쓰기 활동을 통해 학생들 눈에 비친 사회의 부조리한 모습과 다른 사람들의 생각을 간접 체험해 볼 수 있어 의미 있었다.

　세 권의 주제 도서 읽기를 마친 후 올해 수업 마무리 활동으로 독서 말놀이 판 만들기를 하였다. 전체 학생을 3모둠으로 구성한 후 모둠별 각기 다른 주제 도서를 선정하여 책 내용과 한 학기 동안의 독서수업을 반추하며 말놀이판을 제작하였다. 오랜 시간 함께 읽기 독서수업을 실시한『프랑켄슈타인』모둠이 월등하게 말 놀이판을 잘 제작하였고,『걸리버 여행기』와『노인과 바다』모둠은 질문 만들기를 어려워해서 독서 질문 카드를 참고하여 질문을 제작할 수 있도록 지도했다. 난해한 질문보다는 다양한 나의 생각을 답할 수 있는 질문 위주로 작성할 수 있도록 안내하였더니 학생들이 보드게임에 참여할 때 실패보다는 성취의 경험을 맛볼 수 있었다.

독서 말놀이판을 만드는 모습

다른 모둠이 만든 말놀이판을 활용하여 독서 말놀이 보드게임을 하는 모습

　한 학기 동안 자유로운 영혼을 가진 열네 살 남학생들과 주당 2시간(총 40시간)의 독서수업을 한다는 것이 결코 쉽지 않았다. 그러나 이 수업을 시작했을 때 헤밍웨이의 ㅎ도 모르던 학생이 『노인과 바다』를 읽고 '내 삶은 무엇을 추구하며 살 것인가?'를 논할 때의 진지함이란! 그래서 나는 책의 힘을 믿는다. 내가 만난 많은 학생이 책의 세계로부터 보호받고, 또 책의 세계를 지켜주기를 바란다. 그래서 나는 오늘도 고전한다!

부산은 곳곳이 책세상이야

— 심하나

'버는 족족 길바닥에다 돈을 버리는 아이' 우리 엄마가 붙여준 나의 별명이다. 엄마의 눈초리에도 불구하고 나는 아랑곳 없이 '기력이 떨어질 때까지 놀아야 한다!'라는 신조로 시간만 생기면 가방을 싼다.

30대에는 해외로 자주 나갔다. 여름엔 더우니까 좀 더 시원한 나라로, 겨울엔 추우니 따뜻한 나라로…. 자주 여행을 나가다 보니 엄마는 '돈 벌어서 집을 사야지, 만날천날 비행기만 탄다'며 안타까워 하셨지만 여행지에서 돌아온 내 손에 들린 온갖 이국적인 선물에 기뻐라 하시기도 했다.

우리 집 꼬맹이가 태어나고부터는 국내 여행으로 돌렸는데 한 도시 한 달 살기를 시작한 셈이다. 제주도, 거제도, 목포, 강릉…. 길게는 한 달, 짧게는 이 주 동안 머물며 마치 이 도시에서 원래부터 쭉 살고 있는 원주민인 것처럼 지내다 오곤 한다.

지난번 여행지인 목포에서 '다음은 부산으로 가자'는 가족 협의를 마쳤다. 목포에서의 너무나 행복한 시간을 보내고 막 집으로 돌아갈 참으로 짐을 싸던 중이었는데, 지도를 펼쳐 목포에 점을 찍고 옆으로 일직선을 그으니 부산이 나왔기 때문이다. 사실 서울에서 나고 자란 나에게 부산은 '바다가 없는 서울' 같은 느낌이라 다시 지도에 선을 그어보자고 우겼지만, 이미 벌써 부산으로 달려가고 있는 것 같은 설렘 가득한 우리 집 꼬맹이의 얼굴을 보고는 '그래

가자, 부산으로!'를 선언해버렸다.

이 글은 부산 곳곳의 책방과 도서관을 탐방하며 쓴 글이다. 20년을 책을 만지며 산 직업인이라 어딜 가든 좋든 싫든 그곳의 책방과 도서관을 찾는다. 일종의 직업병 같달까. "엄마! 부산은 곳곳이 책세상이야!"를 외치던 우리 집 꼬맹이의 말이 떠올라 잠깐 미소가 지어졌다.

"그래 맞아! 부산은 여기저기 아름다운 책세상이네!"

5성급 호텔 대신 5성급에 준하는 서점을 보고 만나고 싶다면, 아난티코브 이터널저니

부산 2주 살이 첫 방문지는 기장읍에 위치한 아난티코브 이터널저니다. 오픈 당시부터 힐튼 계열의 호텔에서 운영하는 꽤 고급스러운 서점이 부산에 문을 열었다는 소문이 청주에 사는 내 귀에까지 들릴 정도였던 곳이다.

일단 주차장부터 압도하는 느낌인데, 이 정도면 서울 5성급 호텔 주차장 저리 가라다. 에스컬레이터를 타고 지상으로 올라가니 아주 멋진 부산 기장 앞바다를 등지고 서점 입구가 나 있다.

고급스러운 소재의 서가가 전체 벽면을 둘러싸고 중간에 테이블마다 서점 MD가 추천하는 책들이 진열되어 있다. 커피를 팔기도 하는데 책을 구입 후 커피(이곳 커피 맛집이다. 굉장히 맛있다)와 함께 마시는(마셔도 되는) 시스템인 듯하다. 서가 사이사이에 이터널저니를 방문한 유명 작가들의 사인들도 보이는데 아마 이곳에서 인문학 강좌도 열리는 듯하다. 인터넷으로 검색해보니 최은영 작가부터 표창원 프로파일러까지 다양한 명사특강이 이뤄지는 곳으로, 부산 시민들이 애정하는 곳임에는 틀림 없어 보였다. 아름다운 바다를 바라보며 여유 있게 책을 읽는 사치를 부리고 싶었으나 책과 담 쌓고 살다시피 하는 남편의 성화에 못 이겨 한 시간 정도 머물다 온 곳이다. 부산을 떠나기 전 혼자서라도 다시 오고 싶은 곳이다.

※ 근처 가볼만한 곳: 해동용궁사, 국립부산과학관, 아홉 산 숲

만화방이 이렇게까지 진화했다고? 광안리 만화카페

어릴 적 아빠와 있었던 추억 몇 가지를 떠올려보면 만화방이라는 키워드가 가장 먼저 생각난다. 아빠는 성격이 참 대단했는데, 엄마와 부부싸움을 하면 그 성에 못 이겨 집을 나가기 일쑤였다. 아빠는 집을 나간 후 한참 지나 엄마 몰래 나에게 전화해서는 '집 앞 만화방으로 와라'고 불러냈다. 어두침침한 지하 만화방으로 들어가면 아빠가 멋쩍은 미소로 나를 부르고는 '엄마 아직도 화가 많이 났냐?'고 눈치껏 동태를 살피곤 했는데 어린 마음에 아빠가 참 한심하게 느껴졌었다. 아빠처럼 집에서 싸우고 나온 듯한 아저씨들이 여럿 보였는데 그래서 나에게 만화방은 '싸움에서 진 고독한 자들의 쉼터' 같은 존재였다.

　부산에서의 두 번째 방문지는 광안리 해변에 위치한 만화카페다. 사람이 무르익듯 만화방도 만화카페로 진화를 거치면서 보다 쾌적하고 젊은이들의 취향을 저격하는 장소로 변모하기 시작한 모양이다.

　광안대교가 한눈에 보이는 고층건물에 위치한 만화카페에 들어서자 나도 모르게 탄성이 나온다. 그곳에서 데이트하러 나온 젊은 남녀, 육아 동지들 모임, 나홀로족 등 연령도 성별도 다양한 사람들을 만났다. 통창을 통해 광안리 해수욕장이 보이는데 만화책을 그렇게 좋아하는 아이도 자꾸 시선이 밖으로 향한다. 멋진 풍경에 책장을 덮고 그렇게 마냥 바깥 경치에 홀리게 되는 곳이다.

　3시간을 머물다 왔음에도 노을 지는 풍경과 광안대교 야경까지는 보고 왔어야 했나 지금 와서 조금 후회가 된다. 광안리 해변을 걷다 색다른 곳을 방문해보고 싶다면 이곳을 추천한다.

※ 근처 가볼만한 곳: 주책공사, 밤산책방, 밀락더마켓, 토요일 저녁 드론쇼

망미동 주민들의 복합문화공간, F1963

부산에서 2주 살이 할 동네로 망미동을 선택했다. 부산역 인근, 서면, 광안리 등 여러 후보지가 있었으나 바닷가(관광지)와 멀더라도 관광객들이 붐비는 곳보다는 현지 주민들이 많이 거주하는 동네가 좋을 것 같았기 때문이다. 동네 군데군데가 재개발 지역으로 지정된 터라 어수선한 분위기임에도 불구하고 도보로 이용가능한 전통시장이 두 군데나 있고 전철역도 가까운 점이 마음에 들었다. 마침 하루 일정이 틀어져 뭘 하고 지내야 하나 싶던 차에 이곳 망미동에 망미동 주민들뿐 아니라 부산 시민들이 애정하는 공간이 있다고 해 방문해보았다.

재개발 구역 사이 좁디좁은 골목길을 요리조리 올라다가 보면 '이런 데 이런 건물이 있다니!' 하고 놀랄 정도의 엄청난 규모의 건물이 나오는데, 예전에는 철강공장으로 운영되던 F1963이다.

예술전문 도서관, 갤러리, 금난새 음악센터, 대형커피숍, 예스24 등 여러 공간이 하나로 연결되어 있고 세미나, 파티, 야외 음악회, 영화 감상등이 가능한 복합문화 공간인 이곳을 자주 방문하는 동안 멋진 정원에서 산책도 하고, 금난새 씨가 지휘하는 신년음악회 공연을 감상하기도 하는 등 호사를 누리기도 했다.

대나무 숲으로 조성한 산책길을 따라 나오면 수영강이 나오는데 수영강은 강변을 따라 매우 훌륭한 산책로와 자전거길이 조성되어 있다. 언덕과 산지가 많은 부산 특성상 낙동강, 온천천 등과 함께 자전거를 편하게 탈 수 있는 몇 안 되는 길이다. 곳곳의 풍경도 매우 훌륭한데, 특히 밤 산책을 한답시고 오래 걷다 보면 어느새 아름다운 자태를 드러내는 광안대교를 마주할 수 있다.

※ 근처 가볼만한 곳: 낙수의 언덕, 비온후 책방, 수영 사적공원, 망미단길 카페

영화에 대한 모든 것, 영화의전당 라이브러리

하루 정도는 바다가 아닌 곳에 가고 싶었다. 숙소 인근 걸어서 10분 거리 영화의전당에 영화 관련 도서관이 있다 해서 방문해보기로 했다(부끄러운 고백이지만 학창시절 내 꿈은 영화감독이 되는 것이었다). 과거 한때 영화 일을 하고 싶어 충무로 영화판을 기웃거리기도 했던 시절이 생각나 웃음이 나오기도 했다.

영화의전당답게 각종 영화 관련 도서 및 비도서 자료가 4만여 종에 달한다

고 하니 규모가 상당했다. 영화 OST와 DVD를 감상할 수 있는 열람석이 따로 있어 평일임에도 이곳을 찾는 이들이 상당했다.

아이에게 '거울 속 외딴성'을 틀어주고 천천히 그곳을 둘러보았다. 키네마 준보, 카이에 뒤 시네마 등 외국잡지가 연대별로 정리되어 있고 프랑스와 트뤼포, 로베르 브레송과 같은 유명 감독들의 일대기를 정리한 도서들이 서가에 빼곡하게 꽂혀있었다. 국내외 개봉작의 오리지널 시나리오들을 모아놓은 서가에서 '이브의 모든 것'을 찾아 꺼내보았다. 고등학생일 때 본 이 영화로 나는 배우 베티 데이비스를 좋아한 적이 있는데 지금도 누가 나에게 가장 좋아하는 영화와 배우를 말해보라 하면 주저 없이 '이브의 모든 것'과 베티 데이비스를 꼽을 정도다.

'가보지 않은 길'에 대한 미련이 아예 없다고 하면 거짓말일 테지만 영화감독 대신 사서교사의 길을 걷게 된 것에 대해 후회는 없다. 영화 속 수많은 인물, 사건들은 모두 영화 속에서만 존재하는 허구지만 내가 만나는 아이들은 모두 살아있는 '진짜'이기 때문이다.

아무튼, 영화 애호가들에게도, 혹은 영화를 잘 모르는 사람들에게도 추천하는 곳이다. 과거 우리를 울리고 웃겼던 수많은 영화, 배우를 만나고 싶다면 한 번쯤 방문해봐도 좋겠다.

※ 근처 가볼만한 곳: 영화의전당 예술영화관, 뮤지엄 원

여행객을 맞이하는, 북두칠성 도서관

여름에만 부산을 찾는 여행객이 3천만 명이라는 뉴스통계를 본 적이 있다. 부산은 우리나라를 대표하는 여행지로 우리나라 사람들뿐 아니라 외국인들에게도 인기 있는 도시다. 아름다운 바다, 먹거리, 문화유산 등 이 도시를 한 번만 오기엔 곳곳에 넘쳐나는 매력들이 많은 곳이다.

서른 무렵 겨울 바다를 보러 가자는 대학 동기의 꾀임에 넘어가 장장 6시간의 기차를 타고 부산역에 도착했을 때 느꼈던 감정은 지금도 생생하다. 처음 부산에 왔다는 기쁨, 설렘, 바다를 빨리 보고 싶은 조바심 등등…. 그렇게 부산과 인연을 맺고 일 년에 한 번은 부산을 찾는 열성 여행객이 되었다.

부산살이 막바지에 나의 첫 부산 여행 동행자였던 그 친구가 마침 자신의 아이들과 함께 부산에 내려오겠다는 연락이 왔다. 부산역으로 마중을 나가려던 참에 부산을 찾는 여행객들에게 쉼터 같은 역할을 하는 도서관이 있다고 해서 들러보았다. 도서관 규모는 그렇게 크지 않았지만 높은 층고에 시야가 트여 개방감이 있는 분위기에 알록달록 예쁜 가구들로 채워져 무엇보다도 따뜻한 느낌을 줬다. 부산역에서도 멀지 않아 부산에 막 도착한, 혹은 이제 막 부산을 떠나려는 여행객들에게 충분한 휴식처로서 손색이 없어 보였다.

부산, 이럴 때 이런 책공간

주제	도서관(책방)명	특징
자녀와 함께1	국립해양박물관 도서관	- 국립해양박물관 투어 후 도서관 탐방 추천 - 아름다운 영도바다를 한눈에
자녀와 함께2	영화의전당 라이브러리	- 영화와 관련된 다양한 도서, 영상 등 제공
멋진 도서관이 궁금하다면	부산국회도서관	- 규모, 장서수에서 타 도서관을 압도
오션뷰 도서관	다대도서관	- 다대포 해수욕장이 한눈에 펼쳐지는 도서관
예술적 영감을 얻고 싶다면	F1963 예술도서관	- 회화, 건축, 사진, 디자인 전문도서관 - 회원제 운영(어린이는 입장불가)
미스터리 매니아라면	추리문학관	- 1세대 추리소설가 김성종 작가의 사재로 건립 - 우리나라 1호 전문도서관 - 다양한 추리문학 강좌 진행
독립책방 추천1	주책공사	- 유쾌한 성격의 책방지기님과의 즐거운 대화 - 생일책이라는 신박한 아이디어
독립책방 추천2	동주책방	- 과학분야 특화 서점

손끝으로 책의 세계를 꽃피우는, **민가령 북아티스트**

— 구혜진

우연히 책 만들기의 세계에 발을 들여놓은 후, 종이와 책의 매력에 푹 빠져 들었다는 민가령 북아티스트. 페이지 페이지마다 이야기가 숨 쉬고, 그 이야기를 만들어가는 과정에서 느끼는 행복이 이루 말할 수 없다며 소녀 같은 얼굴로 환하게 웃는다. 학생들에게도 이 아름다운 세계를 나누고 싶어, '나만의 책' 만들기 수업을 운영하고 있다고 한다. 단순히 종이를 접고 붙이는 것에 그치는 것이 아니라, 각자 자신만의 이야기를 담아내는 소중한 수업이라고 말하는 그녀. 글자와 그림이 어우러진 북아트를 통해 매일매일 마법 같은 순간들을

경험하고 있다는 민가령 북아티스트를 만나, 매력적인 북아트 세계의 이야기를 들어보았다.

공방에 놓인 북아트 작품이 정말 다양하네요. 하나하나 너무 아름답고 신기해서, 인터뷰는 시작도 못 하고 계속 작품만 둘러보게 돼요. 여기 놓인 작품들은 모두 직접 만드신 건가요?

네, 맞아요. 공방에 전시된 모든 작품은 제가 직접 만든 거예요. 북아트뿐만 아니라 업사이클링 북아트, 팝업북, 그리고 북바인딩까지 함께 작업하고 있어요. 다양한 기법을 통해 여러 주제를 다루다 보니, 이렇게 작품의 수가 늘어나게 되었어요.

이렇게 다양한 분야의 많은 작품을 작업하셨으면, 북아티스트 경력이 엄청 오래되셨을 것 같아요.

사실 그렇지는 않아요. 원래는 다른 분야에서 일하고 있었어요. 그런데 어느 날 팝업북을 만들어 보고 싶다는 생각이 들었어요. 그때 팝업북 강의를 진행하는 공방을 찾아서, 그곳에서 팝업 엔진 만드는 법을 배우게 되었어요. 그게 제가 북아트와 인연을 맺는 첫 단추가 되었던 것 같아요.

처음부터 북아티스트로 활동하신 건 아니라고 하셨는데요. 북아티스로서의 여정은 어떻게 시작되었는지, 어떤 매력이 북아트의 세계로 이끌게 되었는지 궁금해요.

방금 얘기한 것처럼, 모든 것이 팝업북을 만들어 보고 싶다는 막연한 호기심에서 시작되었어요. 그 수업을 들으면서 북아티스트 선생님의 북아트 작품을 보게 되었는데, 그 작품들이 너무 멋있어서 자연스레 북아트 과정도 수강하게 되었죠. 이어서 북바인딩 과정까지 배우게 되면서, 처음에는 낯설고 어색했던 재료들이 제 손끝에서 생명을 얻어가는 모습을 보게 되었어요. 배우고 만드는 순간들은 말로 표현할 수 없을 만큼 크나큰 즐거움과 감동을 주었어요. 이렇게 우연히 시작된 여정은 이제 제 삶의 큰 부분을 차지하게 되었고, 그때의 선택이 얼마나 소중했는지 매일매일 느끼고 있어요.

정말 좋아하는 일을 만나셨군요! 행복한 만족감이 제게도 가득 전해지네요. 북아티스트는 어떤 일을 하시나요? 주로 작품을 만드는 활동에 집중하시나요?

작품을 만드는 활동은 가장 기본이고요. 초·중·고 학생들을 대상으로 북아트, 업사이클링 북아트, 북바인딩을 체험할 수 있는 수업도 진행하고 있어요. '나만의 책'을 만들면서, 학생들이 각자 자신만의 이야기를 담아내는 모습을 함께 하는 시간이 너무나 즐겁고 행복해요.

학생들을 대상으로 하는 북아트 수업에서는 주로 어떤 주제나 기법을 다루시나요? 학생들이 특히 흥미를 느끼는 요소는 무엇인지 궁금해요.

그림책 연계, 교과 연계, 환경, 지역특화와 같은 주제를 중심으로 수업을 진행하는 편이에요. 팝업 기법은 학생들이 가장 흥미를 느끼는 부분 중 하나라서, 수업에 간단한 팝업 기법을 한두 가지는 꼭 넣고 있어요.

제한된 시간 안에 작품 하나를 완성해야 하니까, 수업 준비 과정이 꽤 손이 많이 갈 것 같아

요. 수업할 때는 밑 작업을 어디까지 준비해 가시나요?

학령과 수업시간에 따라 조금씩 다르지만, 학생들이 가장 좋아하는 부분(예를 들어 팝업)은 아이들이 직접 만들어 볼 수 있도록 남겨두고, 나머지 그림은 거의 도안 형태로 미리 준비하고 있어요. 그리고 글쓰기와 제목은 꼭 학생들이 직접 쓸 수 있도록 합니다. 자신만의 이야기를 담아내는 과정이 아이들에게 정말 중요한 경험이라고 생각해요.

학생들이 북아트를 배우면서 보이는 반응이나 변화는 어떤가요?

"우와!" 하며 놀라는 반응을 보일 때가 많아요. 특히 팝업북 수업을 할 때 그런데요. "생각보다 재미있네?"라며 의외의 즐거움을 발견하기도 하고, 작품을 완성한 후 직접 만든 책에 가격을 책정할 때 보이는 성취감과 자신감 또한 보는 재

업사이클링 팝업북

미가 쏠쏠하죠. 특히 전혀 관심 없는 듯 보이던 중학생들이 수업이 끝난 후 "정말 재미있었어요!"라고 말해줄 때는 그 어떤 때보다 뿌듯함을 느끼게 해줘요.

다양한 학교급에서 다양한 학생들을 만나 수업하신 것 같아요. 가장 기억에 남는 학생의 작품이나 특별한 이야기가 있다면 나누어 주실 수 있을까요?

초등학교에서 진행한 한글날 관련 수업에서, 한 친구가 지었던 책 제목이 기억에 남아요. [누가 영어 소리를 내었는가라는 제목이었는데, 이렇게 재미있고 창의적인 제목을 짓는 학생은 거의 없었던 것 같아 놀라웠어요. 정말 기발하다고 생각했어요. 업사이클링 팝업북 수업에서는 창의력이 넘치는 아이들을 많이 만날 수 있었어요. 스토리를 정말 재미있게 잘 담아내는 학생들이 있는데, 친구들이 깔깔대며 웃곤 했어요. 한 초등학생은 조선 최고의 아이돌에 관한 이야기를 담은 작품을 만들기도 했어요. 가르쳐주지 않은 팝업 엔진을 혼자 생각해내고 만드는 아이들도 있었어요. 특히 기억에 남는 학생이 있는데, 제가 만들어간 샘플 책에 있던 잡아당기는 팝업을 만들고 싶다고 했어요. 그 팝업 기법은 어렵기도 하고 수업시간도 부족해서 따로 알려주지 못했는데, 혼자 이리저리 시도해보며 결국 성공했어요. 그런 아이들을 보면 타고난 재능을 가지고 있는 것 같다는 생각도 들어요.

북아트 작품을 만들 때, 주로 어떤 곳에서 영감을 받으시나요?

주로 그림책을 보면서 가장 많은 영감을 받아요. 시간이 날 때면 도서관에 가서 그림책을 보곤 해요. 그리고 전혀 다른 장르의 책이나 다양한 아티스트들에게서도 영감을 받아요. 어떤 책이든 읽고 있다 보면 두뇌가 빠르게 돌아가는 게 느껴져요. 그래서 어떨 때는 한 페이지를 읽고 아이디어 적고, 또 한 페이지 읽고 아이디어 적고 이렇게 할 때도 있어요. 그런 날은 복 받은 날이죠. 팝업 엔지니어들의 작품을 보면서 공부도 하고 영감을 얻기도 해요. 수업할 때 아이들의 모습에서도 영감을 받기도 하고요.

정말 다양한 곳에서 창의적인 영감을 받으시네요. 학생들과의 수업에서 아이들이 창의성을 발휘할 수 있도록 활용하는 방법이 있을까요?

학생들이 창의성을 발휘할 수 있도록 하는 가장 중요한 방법의 하나는 [질문하기]예요. 사실 아이들이 작품을 만들 때는 별 의미 없이 그리거나 붙이는 경우가 많은데, 그때 저는 "이건 왜 이렇게 그렸어?", "여기에 이건 왜 붙였어?" 같은 질문을 계속해서 해요. 그러다 보면 아이들은 자연스럽게 생각하게 되고, 또 생각을 확장하게 되더라고요. 그리고, [예시 들기] 방법도 많이 활용해요. 업사이클링 팝업북의 스토리를 만들 때 이 방법이 효과적이에요. 처음에 제 작품을 보여주고 스토리를 들려준 뒤, 여전히 감을 못 잡는 학생에게는 일대일로 예시를 들어 줘요. "이 사람이 이렇게 했는데 저렇게 된 건가 봐. 그래서 고양이가…" 이런 식으로요. 그렇게 하면 그때부터는 스토리를 술술 잘 만들어 내더라고요. [실수에 의미 부여하기]도 중요한 과정이에요. 아이들이 "망했다"라는 말을 자주 하는데, 그럴 때는 가서 왜 그런지 물어보곤 해요. "일부러 이렇게 그린 걸로 하면 어때? 이쪽을 보려고 옆으로 고개를 돌린 것처럼" 이런 식으로 의미를 부여해주면

순천을 주제로 만든 팝업카드

광양의 김 이야기를 담은 팝업북

윤동주 시인과 정병욱 교수 이야기를 담은 팝업북

아이들이 "아!" 하면서 그 실수를 긍정적으로 받아들이더라고요.

북아티스트로서 최근에 작업하신 북아트 프로젝트에 대해서도 들려주세요.

최근에 작업한 팝업카드 프로젝트가 정말 특별한 경험이었어요. 순천을 주제로 해서 10가지 팝업카드를 만드는 프로젝트였어요. 단 2주라는 짧은 시간 안에 10개의 작품을 완성해야 해서 너무나 힘들었지만, 그만큼 제 역량을 업그레이드할 수 있는 의미 있는 시간이었어요. 그리고, 광양의 김 이야기를 주제로 한 북아트 프로젝트도 진행했어요. 또 윤동주 시인과 정병욱 교수의 이야기를 담은 팝업북 프로젝트도 운영해 봤고요. 이렇게 지역특화 북아트 프로젝트를 진행하면 정말 보람 있더라고요. 세상에 하나뿐인 책을 만들어가는 과정에서, 그 의미가 더욱 깊어져서 그런듯해요.

북아트에 대한 선생님의 열정이 가득 전해졌어요. 북아트 수업을 통해 학생들에게 전하고 싶은 메시지는 무엇인가요?

북아트 수업을 통해 학생들에게 전하고 싶은 가장 중요한 메시지는 바로 창의성과 성취감이에요. 수업 중에 "저는 그림을 못 그려요", "글씨를 예쁘게 못 써요"라고 말하는 아이들을 많이 만나요. 저는 그때마다 잘할 수 있다고 힘껏 응원해 줘요. 그렇게 자신감을 갖고 작품을 완성할 수 있도록 도와주는 것이 제 수업의 가장 큰 목표예요. 이런 과정에서 아이들이 느끼는 성취감은 정말 특별한 경험이 될 거예요. 자기 작품을 보고 뿌듯해하는 모습을 보면, 저 역시 큰 기쁨을 느끼게 되죠. 결국 북아트 수업은 단순히 하나의 작품을 만드는 것을 넘어, 자신의 가능성을 발견하고 성장하는 기회를 제공하는 시간이라고 생각해요. 그런 소중한 순간들이 쌓여 아이들의 삶에 긍정적인 영향을 남길 수 있기를 진심으로 바라고 있어요.

그림책의 세계로 안내하는, **윤해경** 도슨트

― 구혜진

지난 여름, 순천시립그림책도서관에서 열린 '여름의 무대, 이수지의 그림책' 전시회에 다녀왔다. 전시회 티켓을 구매하자, 사서샘께서 곧 그림책 도슨트의 전시 설명이 시작될 거라고 알려주었다. 미술관에 가서 전시 관람을 할 때 도슨트의 작품 설명을 들은 적은 있지만, 도서관에서의 도슨트 안내는 처음이라 호기심이 생겼다. 도서관 1층의 작품에서부터 시작해, 2층까지 도슨트는 작가의 의도와 작품 속에 숨겨진 이야기들을 차근차근 풀어주었다. 혼자 보았으면 자칫 그냥 무심히 놓칠 수 있었을 부분들까지 세심하게 짚어주어서, 작품 하나하나를 깊이 있게 감상할 수 있었다. 그림책의 세계로 안내하는 윤해경 도슨트를 만나 매력적인 책의 세계에 대해 이야기를 나눴다.

그림책도서관에서 열린 전시회에서 전시 작품들을 소개해 주셨잖아요. 덕분에 작품들을 더욱 찬찬히 깊이 있게 감상할 수 있었어요. 아직은 그림책 도슨트라는 이름이 많이 알려져 있지 않은데요. 그림책 도슨트는 주로 어떤 역할을 하시나요?

그림책 도슨트는 그림책에 관련된 다양한 이야기를 전해주는 사람을 말하는데요. 그림책 원화나 그림책 관련 작품 전시물에 대한 설명과 해설을 담당하고 있어요. 그림책 작가의 작품에 대한 의도나 배경 등 깊은 지식을 바탕으로 그림책 전시를 보는 관람객이 그림 속에 감춰진 이야기나 작가와 기획자의 의도를 잘 이해할 수 있도록 친절하게 설명하는 다리 역할을 하는 것이 저희 도슨트의 소중한 역할이에요.

그림책 도슨트 외에 그림책 큐레이션도 함께 맡고 계시다고 들었는데요. 그림책 도슨트나 그림책 큐레이션을 진행할 때, 어떤 과정을 거치게 되는지 그 이야기도 들려주세요.

그림책 도슨트는 그림책 작가의 아름다운 원화와 그 외 다양한 작품을 관람객에게 안내해야 하므로, 사전지식이 풍부해야 해요. 풍부하고 깊이 있는 사전지식을 얻기 위해서, 그림책전시를 기획하는 전시기획자의 강의를 듣기도 하고요. 순천시립그림책도서관에서 제공하는 전시 자료들을 토대로, 개인적으로 상당한 시간을 투자해 공부하고 있어요. 이렇게 쌓은 사전지식은 그림책의 세계를 더욱 풍성하게 전할 수 있는 밑바탕이 되죠.

그림책큐레이션 진행도 마찬가지인데요. 그림책큐레이터에게는 그림책에 대해 전문적 지식과 경험이 있어야 합니다. 그렇게 하려면 그림책큐레이터 전문과정을 공부하고, 자격 검정을 통해 자격증을 취득해야겠지요. 이 또한 개인적인 노력과 시간 투자는 물론이고 경제적인 부담도 있을 수 있어요. 하지만, 정말 좋아하는 분야에서 진심을 담아 제대로 일하기 위해서는 꼭 필요한 과정이라고 생각해요.

그리고, 그림책큐레이션을 하기 위해 꼭 거치는 과정이 있는데요. 주제를 선정

하고, 주제에 맞는 그림책을 선택하며, 대상과 공간에 대한 디자인을 세심하게 고민하는 등 구체적인 계획을 세우는 것이 필요해요. 저는 큐레이션을 할 때 그날, 그 순간의 감정을 많이 담아내려고 노력해요. 제 마음 가는 대로 하기도 하지만, 제가 정성을 다해 준비한 큐레이션이 누군가의 마음을 움직이게 했을 때 참 기쁩니다.

그림책 전시회는 어린이뿐만 아니라 성인도 함께 관람하는데요. 서로 다른 세대의 관람객과 효과적으로 소통하기 위한, 선생님만의 특별한 방법이 있을까요? 다양한 연령대의 사람들이

그림책을 통해 함께 공감할 수 있도록 안내하는 과정에서 느끼는 감정은 어떤지도 궁금해요.

그림책을 어린이만 보는 책으로 생각하시는 경우가 종종 있는데요. 그 마음을 충분히 이해해요. 저도 처음에는 그렇게 생각했으니까요. 하지만 21년 전에, 저희 아이들을 데리고 순천기적의도서관에 갔다가 우연히 한 권의 그림책에 마음을 몽땅 빼앗겼어요. 그 후로 자꾸만 그림책에 마음이 가고, 그림책의 매력에 푹 빠져들었어요. 아이들에게 읽어 주기 위해 그림책을 보고 고르는데 어느 순간 그림책 안에서 제 마음이 움직이는 것을 알게 되었어요. 그렇게 그림책에 대해 깊은 관심을 가지게 되었고, 그림책을 공부하고 연구하면서 그림책은 경계가 없다는 것을 알게 되었어요.

제가 그림책을 보는 모든 독자와 그림책 전시를 관람하는 모든 관람객과 효과적으로 소통하고 공감하는 특별한 방법이 있는데요. 그림책을 보고 그림책에서 발견한 메시지를 바탕으로 저만의 스토리로 만들어서 독자와 관람자의 눈높이에 맞게 전달하는 것입니다. 물론 이렇게 하기 위해서는 그림책을 보고 공부하는 시간에 많은 투자가 필요해요. 하지만 그림책을 통해 만나는 사람들과 마음을 연결하는 소중한 시간을 만들어가는 것이 제게는 큰 기쁨이에요!

그림책에서 발견한 메시지를 잘 전달하기 위해, 그림책 공부에 많은 시간을 할애하는 모습이 너무 대단하세요. 그림책의 의미를 효과적으로 잘 전하기 위해, 어떤 과정을 거치시는지 그 이야기도 함께 들려주세요.

그림책은 누가, 어디서, 누구와, 어떻게, 왜 보느냐에 따라 그 작품이 주는 느낌이나 울림의 메시지가 달라질 수 있어요. 그렇기 때문에 저는 먼저 그림책 속에서 느꼈던 감정의 메시지들을 대상의 상황에 맞게 큐레이션하고 느낌을 잘 정리해서 전달하고 있어요. 어제 읽었던 그림책이 오늘은 다르게 보이고, 내일 보면 또 다를 수 있거든요. 아이들하고 볼 때와 성인들과 함께할 때, 그 감정의 메시지도 다른 느낌일 수 있다는 겁니다.

제 인생의 그림책이라고 할 수 있는 『민들레는 민들레(김장성 글. 오현경 그림. 이야기꽃. 2014)』를 아이들과 함께 본다면, 길가에 피어 있는 민들레를 보면서 자연 관찰 놀이를 할 수도 있겠죠? 하지만, 이 그림책을 성인들과 함께 본다면, 우리가 살아온 시간을 장면마다 얹어서 우리의 삶을 이야기하고 노래할 수 있어요. 저는 살아온 시간의 길이에 따라 그림책에서 느끼는 감정의 메시지에도 차이가 있다고 생각해요. 그래서 그림책은 단순히 어린이만 보는 책이 아니라고 말씀드릴 수 있어요. 그림책은 어린이부터 어른까지 모든 세대를 함께 아우르고 소통할 수 있다는 점이 정말 매력적이에요.

도슨트로서 그림책을 통해 어린이들에게 전달하고 싶으신 교육적 가치가 있나요? 어린이들에게 책 속 이야기를 전하는 여정 속에서 어떤 특별한 경험을 나누고 싶으신지도 궁금해요.

도슨트를 하기 전에 우선 많은 그림책을 보게 되는데요. 그 과정에서 만나는 그림책 속에는 독자에게 전달하고자 하는 메시지들이 곳곳에 숨어 있어요. 그 중에서 특히 저는 문화적 가치나 사회적 이슈를 전달하려고 노력하고 있어요. 그 외 작가의 의도나 그림책 작업의 배경이 되는 다양한 이야기들을 전달하기도 하죠.

저는 이야기를 전달하고 다시 전달받는 과정을 통해 어린이들 스스로 자기 자신과 마주하는 시간을 갖도록 유도하고 있어요. 그렇게 마주한 시간이 관람객 모두에게 곧바로 큰 울림으로 이어지지는 않을 수 있지만(특히 어린이들은), 그럼에도 앞으로 나아가는 삶의 디딤돌이 되기를 바라는 마음으로 그림책이 품은 가치를 전달하고 있어요.

그림책이 단지 어린이들만 읽는 책이 아니라고 하셨잖아요. 성인에게도 그림책이 중요한 이유는 무엇인가요? 성인들이 그림책을 읽는 것은 어떤 의미를 가질 수 있을까요?

우리는 모두 한때 어린이였던 시간이 있어요. 그림책 장면 곳곳에는 다양한

윤혜경 <오늘도 그책방>

순천그림책도서관

시민 그림책 만들기

이야기들이 숨겨져 있지요. 어느 날 우연히 펼친 그림책 한 장면에서 문득 어릴 적 나를 만나게 됩니다. 그렇게 마주한 나와 울다가 웃고, 누군가를 떠올리며 그리워하기도 하는 사람들과 마주하게 됩니다. 제가 그림책 바다에 빠져 헤어 나오지 못하는 까닭이기도 하고요. 그렇게 그림책의 매력에 반하게 되면서 그림책 사랑이 시작된 것이지요.

또한, 그림책은 나의 여정에 동행하면서 응원을 보내는 것 같기도 해요. 그림책의 그림은 누가, 언제, 어디서, 왜 보느냐에 따라 전달하는 이야기가 다르게 다가올 수 있어요. 각자의 상황에 따라 감정의 길이 달라지기 때문에 우리의 삶을, 특히 나의 삶을 토닥거려 줄 수 있는 굉장한 도구라고 생각해요. 그래서 그림책은 단지 어린이들만이 읽는 책이 아니라, 모든 세대가 함께 공감하고 나눌 수 있는 책이에요.

오랜 시간 그림책 도슨트 활동을 해오고 계시는데요. 도슨트로서의 여정에서 특히 기억에 남는 순간이 있으신가요? 전시 관람객과의 특별한 에피소드가 있으신지도 궁금해요.

그림책을 통해 좌절의 순간이 희망으로 바뀐 관람객이 있었어요. 출판사 브랜드 전이었는데요. 1대 1로 도슨트를 하던 중 글자가 많지 않은 그림책 한 권을 읽어드렸어요. 그림도 간단하고, 글자도 많지 않았거든요. 조용조용 그림책을 읽고 있는데 관람객께서 갑자기 눈물을 흘리는 거예요. 순간 놀랐지만, 당황하지 않고 토닥토닥 해드렸어요(저도 그렇게 그림책과 사랑에 빠졌기에…).

죄송하다며 눈물을 훔치고 얼굴을 가다듬은 관람객은 다니던 직장을 그만두고 부모님 댁에 왔다가 무작정 기차를 타고 순천으로 여행을 온 거였어요. 제가 도슨트 활동 외에 순천시립그림책도서관 옆에서 그림책방을 하고 있는데요. 그 관람객은 순천 시내 동네책방을 찾다가 저희 책방(도그책방)을 찾게 되었고, 그 옆에 그림책도서관이 있다는 걸 알게 되었다고 했어요. 그림책 전시라니 그냥 한 번 보고 갈까, 하는 마음으로 가볍게 생각하고 들어왔다는 거죠. 그

런데 그 한 권의 그림책에 마음을 들켜버렸다지 뭐예요. 제가 읽어드렸던 그림 책을 살 수 있냐고 묻길래 가능하다 하고, 저는 먼저 책방으로 가고, 관람객은 조금 더 둘러보겠다고 해서 그러시라 했지요. 한참 후에 그분이 책방으로 왔어요. 그렇게 한 권의 그림책에 푹 빠져 쓰다듬고 쓰다듬더니 배낭에 넣고 총총 떠났어요.

1년쯤 지났을까요? 그림책도서관 전시가 바뀌고, 개관 오픈식 날이었지요. 말끔한 투피스 정장을 입은 청년이 인사를 하며 1년쯤 전에 내가 그림책을 읽어주었고, 그 그림책을 사가지고 간 사람이라고 말하더라고요. 깜짝 놀랐죠. 정말 반가웠고요. 사실 그림책을 읽어주던 날이 지금도 생생하게 기억나거든요.

그림책이 가진 치유의 힘이네요. 들려주신 감동적인 이야기에 마음이 울컥하기도 하고요. 그림책 전시 작품의 메시지를 전하기 위해 정말 많은 노력을 하고 기울이고 계신 것 같아요. 새로운 아이디어가 필요할 때는 주로 어디에서 영감을 얻으시나요?

저는 매일 습관처럼 음악을 켜고, 바깥 공기를 마시며 하늘을 바라보는 시간을 가지곤 해요. 그리고 하루 일정을 생각하지요. 결국 저의 그림책 큐레이션과 도슨트 스토리는 자연에서 영감을 받는 거라고 말씀드릴 수 있어요. 그림책방의 문을 열고 청소를 마친 후, 차 한잔을 손에 들고 창밖으로 시선을 보내며 차멍(?)을 시작합니다. 그렇게 한참 동안 시간을 보내다가 손이 가는 대로 마음이 울렁이는 대로 그림책의 위치(그림책큐레이션)를 바꿔 봅니다. 매일매일 큐레이션이 달라지는 까닭이랍니다.

도슨트를 진행하는 시간에도 마찬가지예요. 도슨트 하는 날엔 실내화 주머니와 핸드폰을 챙겨 들고, 그림책방 바로 옆 도서관으로 갑니다. 가는 길이 바로 앞이라 몇 발짝이면 갈 수 있어요. 하지만, 그날 공기의 기운이 이끄는 대로 잔디마당을 한 바퀴 돌기도 하고, 매화꽃이 피고, 능소화가 피는 날이면 꽃들과 벌들과 한참을 눈빛으로 사랑을 나누기도 해요. 그렇게 자연을 온몸으로 느끼며, 그날의 도슨트 스토리를 또 다른 모습으로 풍성하게 전하고 있어요. 결국 무엇이든 많이 보고 느끼는 것이 답인 것 같아요.

오늘 선생님과 이야기 나누면서 그림책을 얼마나 사랑하시는지 느낄 수 있었어요. 긴 시간 동안, 인터뷰에 응해 주셔서 진심으로 감사드려요. 마지막으로 그림책 도슨트로서 가장 큰 보람을 느끼는 순간은 언제인지 궁금해요.

도슨트로서 제 역할을 해냈을 때 보람을 느낍니다. 관람객들이 도슨트를 듣고 나서 '역시 설명 듣기를 잘했어요', '그림책에 이렇게 큰 감동이 있을 줄 몰랐어요', '설명을 너무 잘 해주셔서 재밌게 관람했어요', '그림책전시를 한다고 친구가 가자길래 그냥 따라왔는데 이렇게 어마어마한 원화들을 보고 도슨트 설명까지 들으니 마음이 뭉클해지네요. 따라오길 잘했어요'라는 말들을 할 때 보람찹니다. 그리고, 그림책 전시를 보러 다른 나라에서 온 그림책 친구들을 만날 때도 기쁘고요.

그림책도서관 도슨트를 한 지 어느덧 10년째인데요, 예기치 못한 급한 일이 생기거나 몸이 아플 때를 제외하고는 도슨트 하는 날이면 어김없이 신발주머니와 핸드폰을 챙겨 들고 책방과 카페문을 잠그고는 그림책도서관으로 뚜벅뚜벅 걸어간답니다. 저는 그림책방을 운영하는 그림책큐레이터이고, 그림책카페를 운영하는 카페지기이면서 그림책도서관 그림책 도슨트입니다. 처음

마주한 관람객이 '잘 들었습니다' 건네던 말이 떠올라 몽글몽글한 미소 담아 이 글을 마무리합니다. 그림책은 사랑입니다.

오늘도 그림책방과 카페 문 활짝 열고 그림책 읽어드리겠습니다.

주제
서평
책 사람

책이 이끌어준 삶의 변화

— 구혜진

그레구아르와 책방 할아버지 | 마르크 로제 지음 | 윤미연 옮김 | 문학동네 | 316쪽 | 2020 | 15,500원

'책방'이라는 단어는 왠지 내 마음을 두근거리게 하는 힘이 있다. 어릴 적에, 아버지께서는 한 달에 한 번씩 나와 동생들을 동네 책방에 데려가 주셨다. 우리 동네에 하나밖에 없는 책방이었다. 넓은 책방 서가에 꽂힌 수많은 책의 향연에 감탄하며, 찬찬히 마음에 드는 책을 한 권씩 골랐다. 책방 나들이를 손꼽아 기다리며, 책을 고르고, 책을 사 온 날에는 밤늦게까지 책을 읽던 그 추억. 그 덕분에 책 읽는 즐거움을 느낄 수 있었고, 더 넓은 세상을 경험할 수 있었다. 이렇게 이어진 책과의 인연은 자연스레 나를 학교도서관에서 책과 함께하는 삶으로 이끌었다. 그래서인지, 제목에 '책방'이 들어간 책을 만나면 특별하게 느껴진다. 『그레구아르와 책방 할아버지』에는 어떤 '책방' 이야기가 담겨있을지 궁금해서 펼치게 되었다.

이 책의 주인공 그레구아르는 이제 막 고등학교를 졸업한 열여덟 살 청년이다. 대학입학시험에도 떨어지고, 적당한 일자리도 찾기 힘들어서 결국 요양원에서 의료지원 일을 하게 된다. 그곳에서 35년간 책방을 운영하다가 파킨슨병과 녹내장으로 더 이상 책을 읽을 수 없게 된 피키에 할아버지를 만난다. 피키에 씨는 책을 낭독해 달라고 부탁하지만, 책과 담을 쌓고 살아온 그레구아르에게 쉽지 않은 일이다. 힘든 주방 일을 피하고자 시작한 일이었지만, 책을 낭독하고 피키에 할아버지가 운영했던 책방 이야기를 들으며 그레구아르는 점차 독서의 즐거움을 깨닫게 된다. 뿐만 아니라 책을 읽어달라는 사람들이 점점 늘어나, 우울했던 요양원에 생기를 불어넣게 된다.

『그레구아르와 책방 할아버지』의 저자인 마르크 로제는 30년 넘게 사람들에게 책을 읽어주는 일을 해온 낭독가이자 작가이다. 이 책에 등장하는 책방을 운영하며 평생 문학을 사랑해 온 피키에 할아버지와 책에는 1도 관심이 없었지만, 점차 '독서'와 '낭독'의 즐거움을 알아가는 그레구아르. 두 주인공의 모습에 책과 책을 둘러싼 세계를 누구보다 잘 알고 있는 낭독가로서 그의 경험이 생생하게 투영되어 있다.

"책은 우리를 타자에게로 인도하는 길이란다. 그리고 나 자신보다 더 나와 가까운 타자는 없기 때문에, 나 자신과 만나기 위해 책을 읽는 거야. 그러니까 책을 읽는다는 건 하나의 타자인 자기 자신을 향해 가는 행위와도 같은 거지."(같은 책, 53쪽)

독서가 자기 자신을 발견하게 되는 자아 탐구의 중요한 여정임을 이야기하는 문장이다. 책을 읽으며, 책 속에 등장하는 여러 타인의 삶에 자신을 비춰볼 수 있고, 이를 통해 우리는 나를 더 깊이 이해할 수 있음을 알려준다. 이 문장을 읽으며, 이해인 수녀님의 수필집 『꽃삽』에 실려있는 시 '책을 읽는 기쁨'의 마지막 구절이 떠올랐다. "책에서 우연히 마주친 어느 한 구절로, 내 삶의 태도가, 예전과 달라질 수 있음을, 늘 새롭게 기대하며 살자." 이 구절 역시 독서를 통해 삶의 태도가 변화할 수 있음을 이야기하며 '독서'를 예찬한다. 우연히 만난 한 문장, 한 권의 책을 통해 우리의 삶이 앞으로 더 새롭게, 더 멋지게 변화할 수 있다고 이야기하는 듯해서 설렘과 벅참이 느껴진다.

그레구아르는 피키에 할아버지와의 우연한 만남을 통해 책의 세계에 한 발짝씩 빠져들게 되고, 삶에 대해 진지하게 고민하며 삶의 방향을 찾아간다. 책 속 그레구아르의 이야기를 따라가는 동안, 한 사람이 책을 통해 어떻게 성장해 가는지, 자신의 삶을 어떻게 풍요롭게 만들어 갈 수 있는지, 독서의 가치에 대해 다시 한번 생각하게 만든다. 책의 힘을 믿는 모든 이들에게 이 책을 추천한다.

책의 세계를 지키는 독자를 만드는 법

— 김담희

독서 손절자, 레벨업 합니다: 청소년을 위한 유쾌발랄 책 읽기 안내서 | 고정원 지음 | 학교도서관저널 |
154쪽 | 2024 | 15,000원

　책의 세계를 구체적으로 상상해 볼까. 우리가 두 발을 딛고 서 있는 지면처럼 책의 세계 지면에는 무엇이 자리하고 있을까. 필자는 책의 세계를 가장 튼튼하게 지탱하고 있는 존재는 곧 독자라고 생각한다. 제아무리 좋은 책이 나타난들 손을 뻗어 그 책을 집어 들고 그 안에 담긴 글을 읽어 낼 사람이 없다면 책은 그저 글자가 적힌 종이 뭉치에 불과할 뿐이다. 즉, 책은 독자가 있어야 그 존재 의미가 있다.

　'요즘 애들'로 시작하는 문장에는 주로 이런 말들이 뒤따른다. 요즘 애들은 책을 안 읽어서, 요즘 애들은 스마트폰만 해서, 요즘 애들은 게임만 해서 문해력이 심각하다는 말들. 그러나 성인의 연간 독서량이 3.9권인 데 반해 초·중·고교 학생의 연간 독서량은 36권에 달한다.[*] 지금 우리 책의 세계를 지키는 독

---

[*] 2023년 국민독서실태조사 보고서. 문화체육관광부. 2024.04.18. https://www.mcst.go.kr/kor/s_notice/notice/noticeView.jsp?pSeq=18001

자는 다름 아닌 어린이·청소년 독자인 셈이다.

또한, 청소년 시기 독서교육은 그 어느 시기보다 가장 중요하다. 청소년 시기는 비독자로 전환하는 결정적 시기이자 청소년기에 형성된 독서 태도와 능력은 독자로서 살아가는 전 생애에 걸쳐 지속적으로 영향을 미치기 때문이다.[*]

독서는 누군가 억지로 시킨다고 할 수 있는 일이 아니기에 책을 읽지 않기로 마음먹으면 절대 읽을 수 없다. 즉 평생 독자가 되는 길에 가장 먼저 해야 할 일은 읽어보겠다는 마음을 먹는 일이다. 읽어보겠다는 마음을 먹는 일, 그 마음이 들게 하는 일이 얼마나 지난하고 어려운지 우리는 알고 있다.

'청소년을 위한 유쾌발랄 책 읽기 안내서'라는 부제를 갖고 있는 이 책은 독서에 대한 흥미와 관심이 급감하는 청소년 시기 아이들의 손에 책을 쥐여주는 훌륭한 안내서이다. 공공도서관 사서인 저자는 10년 넘게 도서관에서 만난 다양한 청소년들과 책과 독서에 관한 이야기를 나누어 왔다. 책과 원수진 사이부터 책과 손절한 경험이 있는 청소년, 읽어야 하는 책만 읽는 청소년, 자발적으로 책을 읽는 청소년, 독서의 신까지, 어린이·청소년 독자 유형을 다섯 단계로 나누고 단계마다 저자가 만난 독자들의 생생한 이야기가 담겨있다.

단계별로 나의 독서 상황을 점검할 수 있는 셀프 체크부터 청소년 독자의 구체적인 고민과 사서의 답변, 해당 단계에 있는 독자에게 청소년 독자가 직접 추천하는 책 소개, 저자의 구체적인 안내가 담긴 '이렇게 해보자!'까지 실질적으로 책 읽기에 도움을 얻을 수 있는 이야기들이 가득 담겨있다. 게다가 '엉뚱한 사서샘'이라는 별명을 갖고 있는 저자의 목소리가 들리는 것처럼 느껴질 만큼 유쾌하고 친절한 문체는 청소년 독자들을 책 속으로 몰입하게 만든다.

"내가 만난 아이들 중에 책을 싫어하는 아이는 많았지만, 이야기를 싫어하는 아이는 아직 만나지 못했어. 그러니 네가 재미있다고 느끼는 이야기부터 만나보면 되는 거야."(같은 책, 8쪽)

---

[*] 청소년 독자비독자 조사 연구. 이순영 외. 한국출판문화산업진흥원. 2020.09.

재미있는 이야기를 좋아하지 않는 독자는 없다. 이는 청소년 독자도 마찬가지다. 재미있는 이야기, 좋은 글은 언제고 청소년 독자를 불러 모으리라 확신한다. 그전에 이 책으로 책과 독서에 관한 재미있는 이야기를 잔뜩 들려주면 어떨까. 어린이·청소년과 함께 책의 세계로 풍덩 빠져들고 싶은 책의 세계를 지키는 모든 독자에게 이 책을 권한다.

망가진 책에 깃든 기억을 되살리는 예술

— 나현정

(망가진 책에 담긴 기억을 되살리는) 어느 책 수선가의 기록 | 재영 책수선 지음 | 위즈덤하우스 | 328쪽 |
2021 | 16,000원

"내 직업은 책 수선가다

책 수선가는 망가진 책을 수선한다

책 수선가는 기술자이고

그러면서 동시에 관찰자이자, 수집가이다

나는 책이 가진 시간의 흔적을,

추억의 농도를, 파손의 형태를

꼼꼼히 관찰하고 그 모습들을 모은다

책을 수선한다는 건

그 책이 살아온 삶의 이야기에 귀를 기울이고,

그런 모습들을 존중하는 마음이다"

책을 사랑하는 사람이라면 누구나 한 번쯤 낡고 찢어진 책을 보며 아쉬움을 느낀 적이 있을 것입니다. 저 역시 오래된 책들을 정리하다 파손된 책을 손에 들었을 때, 버리기엔 아깝고 고치기엔 엄두가 나지 않아 곤란했던 기억이 있습니다. 그러던 중, 『어느 책 수선가의 기록』이라는 책을 알게 되었고, "책 수선"이라는 독특한 세계에 대한 호기심과 책에 담긴 추억을 되살리고 싶은 마음으로 이 책을 펼치게 되었습니다.

재영 작가는 책 수선가로서 수년간 망가진 책에 새로운 생명을 불어넣는 일을 해왔습니다. 그는 단순히 책을 복원하는 기술자가 아니라, 책에 담긴 이야기와 그 책을 사랑했던 사람들의 시간을 되살리는 예술가입니다. 『어느 책 수선가의 기록』은 그가 작업하며 만난 책과 그 주인들의 이야기를 중심으로, 책 수선 과정의 철학과 감정을 풀어낸 에세이입니다. 작가는 "책은 단순한 물건이 아니라, 그것을 소유한 사람의 시간과 흔적이 담긴 존재"라고 말하며, 책 속에 담긴 보이지 않는 기억과 추억을 복원하는 데 집중합니다.

이 책의 핵심 키워드는 기억, 흔적, 복원입니다. 작가는 찢어진 페이지와 닳아버린 책등을 단순한 파손으로 보지 않습니다. 그는 그것들을 "시간의 흔적"으로 여기며, 책 주인과 책이 함께 보낸 시간을 상상하며 수선의 과정을 통해 그 흔적을 새로운 형태로 되살려냅니다. 예컨대, 어린 시절 낙서로 얼룩진 동화책이나 소중한 추억이 담긴 헌책방의 책들을 수선하면서, 그는 단순히 원래 상태로 돌리는 것을 넘어, 그 책이 새로운 가치를 가질 수 있도록 변화를 더합니다. 책을 통해 이어지는 관계와 시간의 흔적은 이 책의 가장 중요한 메시지라 할 수 있습니다.

저는 이 책을 읽으며 책 수선가라는 직업이 가진 의미와 깊이에 감탄하지 않을 수 없었습니다. 특히 작가가 책 수선을 단순한 기술적 복원으로 여기지 않고, 한 권의 책이 가진 감정적, 심리적 가치를 존중하며 새로운 생명을 불어넣는 작업으로 바라보는 점이 인상적이었습니다. 그는 "수선은 책의 진화"라고 말하며, 책의 원래 모습을 완벽히 복원하는 것보다 그 책이 가진 기억과 흔적을 보존하는 데 더 큰 가치를 둡니다. 이 철학은 단순히 책을 넘어 우리 삶의 다양한 측면에 적용될 수 있는 깊은 통찰을 제공합니다.

이 책은 제게 여러 가지 깨달음을 주었습니다. 첫째, 사물의 파손을 부정적으로만 보지 말고, 그 속에 담긴 시간과 이야기를 존중하라는 점입니다. 둘째, 책을 사랑하는 사람으로서, 그리고 도서관에서 책을 관리하는 사서교사로서 책의 물리적 관리뿐만 아니라 감성적 가치를 보존하는 일의 중요성을 다시 생각하게 되었습니다. 앞으로는 낡거나 훼손된 책을 단순히 폐기하는 대신, 학생들과 함께 책의 이야기를 나누며 그 가치를 되새겨 보는 활동을 기획해 보고 싶습니다. 예를 들어, "책 수선 체험"과 같은 프로그램을 통해 학생들에게 책의 물리적, 정서적 가치를 동시에 느낄 기회를 제공할 수 있을 것 같습니다.

『어느 책 수선가의 기록』은 단순히 책에 대한 이야기를 넘어, 우리가 잊고 있던 시간의 흔적과 사물에 깃든 기억을 되살리는 작업의 가치를 일깨워 줍니다. 이 책을 통해 많은 독자가 손때 묻은 책을 새로운 시선으로 바라보고, 나아가 일상 속 사물과의 관계를 더욱 깊이 이해하게 되길 바랍니다.

좋아하는 일을 하며 사는 용기

— 심하나

오늘도 좋아하는 일을 하며 삽니다: 어른을 위한 그림책방, 카모메 이야기 | 정해심 지음 | 호호아 | 236 쪽 | 2021 | 15,000원

책 좀 읽는다는 사람들끼리 이야기하다 보면 '나중에 책방이나 차릴까?'라는 이야기가 심심치 않게 나오곤 한다. 어느덧 노후를 준비해야 하는 나이가 됐고, 20년 동안 책을 만지고 살다 보니 한때 자연스럽게 책방 창업에 관심을 둔 적이 있었다. 아니, 사실 지금도 그렇다.

제주도로 아이와 함께 한달살이를 간 적이 있었는데 독립책방의 성지답게 어느 동네를 가도 작은 책방들이 즐비해 각양각색 개성 넘치는 책방들을 둘러 보는 맛이 있었다. 한번은 바닷가 바로 앞 작은 책방에 들렀는데 책을 사면 와 인이나 맥주를 한 잔 주는 곳이었다. 제주도 해녀를 주제로 한 책을 한 권 사 고 주인장에게 글라스 와인 한 잔을 받아 맛있게 마셨던 기억이 있다. 지금이 야 그런 책방이 흔하다지만 그 당시엔 흔치 않은지라 '이런 책방이 집 근처 있 다면 내 뼈를 묻어도 좋겠다. 아니지, 이런 책방을 차리고 싶다'라는 욕심이 났 던 것도 사실이다.

『오늘도 좋아하는 일을 하며 삽니다』의 저자는 본래 전산학을 전공해 인도로 유학을 결심했으나 막상 인도엔 요가와 명상을 하러(수련을 위해) 오랜 기간 머물렀으며, 그림책에는 전혀 관심이 없었으나 마찬가지로 뒤늦게 어떤 계기로 깊은 관심을 두게 되어 어른들을 위한 '카모메'라는 이름의 그림책방까지 창업한 특이한 경력의 소유자다. 현재는 그림책을 좋아하는 책방지기로 자신의 책방에서 소규모 그림책 토론회와 글쓰기 강좌를 열고 오롯이 '좋아하는 일'에 몰두하며 살고 있다.

책에는 책방을 창업하기까지의 과정, 이웃 상점 사장님들과의 갈등과 해결 과정(또는 인근 책방 지기와 연대), 그림책을 읽고 토론하고 글을 쓰는 사람들, 어른들을 위한 그림책, 손님들에게 타로점을 봐주며 생긴 소소한 이야기 등 다양한 에피소드가 등장한다.

'타로를 통해 그림책을 추천하는 신비로운 책방'이라는 콘셉트를 잡기까지 과정을 다룬 내용이 특히 인상적이었는데, 마냥 대중적인 책방보단 소수여도 그들에게 매력적으로 다가가고자 하는 책방지기의 다짐이 고스란히 느껴져서다. '나만의 것, 그런 고유성은 나만의 개성에서 출발한다. 내가 경험했던 익숙한 점을 바탕으로 하나의 선을 잇고 그것을 이제 구체적 계획과 함께 행동으로 옮겨야 한다'는 저자의 말이 와닿는다.

책방의 꽃, 낭독 모임 부분도 흥미롭게 읽었다. 낭독회의 분위기가 어렴풋이 상상되면서 나도 모르게 미소가 지어졌다. 다 함께 그림책을 읽은 후 '용기 내서' 나의 이야기를 또박또박 꺼내는 우리 학교 아이들이 생각났기 때문일까.

누가 나에게 책 제목 그대로 '좋아하는 일을 하며 살고 있나요?'라는 질문을 한다면 나는 어떤 대답을 할 수 있을까. 세상사 마음먹은 대로 되지 않는 일 태반이지만, 그럼에도 나는 '이 일을 하는 동안만큼은 이 일을 좋아하며 살고 싶다'라는 생각이 든다. 내가 학교도서관에서 만나는 수많은 인연을 떠올리다 보면 그리 어려운 일도 아니기 때문이다.

읽고 쓰는 인간의 단상

— 정경진

책, 이게 뭐라고 | 장강명 지음 | 아르테 | 312쪽 | 2020 | 15,000원

　도서관 이용자 교육을 할 때면 '책을 왜 읽어야 해요?'라며 독서의 가치, 도서관 존재에 대한 근본적인 질문을 던지는 학생을 만나게 된다. 그럴 땐 '학생은, 책을 왜 읽어야 한다고 생각해요?'라고 역질문을 하여 질문의 의도를 파악한다. 대부분의 학생은 '공부 잘하려고'라는 답을 한다. 공부를 잘하고 싶기는 한데, 내가 공부를 못하는 이유가 책을 읽지 않아서인 것 같고, 그래도 책은 읽고 싶지 않고…. 내가 공부 못하는 이유를 책에 전가하려 하니 책은 참 억울하겠다!

　그렇다면 '책, 이게 뭐라고?!' 우리는 독서를 권장할까? 똑똑해지기 위해서? 세상과 소통하기 위해서? 동아일보 기자 생활 후 소설가로 데뷔하여 다수의 장·단편 소설과 에세이집을 출간한 장강명 작가는 책을 읽어야 하는 이유에 대해서 '타인과 세계를 이해하기 위해서'라고 답한다. "타인과 세계를 체험하지 않고 이해하는 방법은 언어뿐이고, 그들은 무척 복잡한 존재이기 때문에 아주 긴 언어로 표현해야 하고, 긴 언어를 순서대로 기록하고 재생하는 가장 효율적인 매체는 책이라고. 다른 사람과 세상을 깊이 이해하다 보면 더 나은 인간이 될 수도 있을 테고"(같은 책, 158쪽), 나는 학생에게 '재미있으니까'라고 답을 한다. 그러면 일부 학생들이 '책이 뭐가 재미있어요?'라고 투정 어린 반문을 한다. 공부를 잘하기 위한 수단으로 책을 읽으니 재미없는 것이 아닐까? 내가 좋아하는 가수의 책을 읽으면 그 가수의 생각과 일상을 더 잘 알게 되는데 그 책이 어떻게 재미없을 수가 있나? 학교 다니는 동안 평가를 위해 어쩔 수 없이 책을 본다 한들, 시험으로부터 자유로워진 성인이 된 후 재미없는 책을 꾹 참고 읽을 수 있을까? 학생들의 이런 질문에 다른 선생님들은 뭐라고 답하는지 늘 궁금하다.

『책, 이게 뭐라고』는 북 팟캐스트를 진행한 경험담과 단상을 작가 특유의 담백하고 정직한 문체로 엮은 에세이집이다. 순수한 독서공동체를 지향하는 장강명 작가는 책의 쓸모에 대해서 다음과 같이 이야기한다.

"'좋은 삶이 무엇이라고 생각하느냐'와 같은 주제를 놓고 대낮에 맨정신으로 지인과 토론할 일은 거의 없다. 직장 동료와 점심을 먹다가 그런 질문을 던지면 "뭐 잘못 먹었어?"라는 대꾸를 듣기 십상이다. 또는 걱정 어린 시선과 함께 "요즘 안 좋은 일 있는 거 아니지?"하는 말을 듣게 될 수도 있고. …… 그러나 만약 최인철 교수의 『굿 라이프』를 읽고 독서 토론을 하는 자리에서라면, 누구나 쑥스러워하지 않고 자신이 생각하는 좋은 삶에 대해, 인생의 가치와 행복에 대해 말할 수 있다. 아니, 말하게 된다. 그런 생각을 누군가 경청해 주는 것은 대단히 감동적인 경험이고, 그 자리에 모인 사람들은 점점 말이 많아진다. 생산적인 대화가 오간다. 책은 우리가 진지한 화제로 말하고 들을 수 있게 하는 매개체가 되어준다."(같은 책, 97~98쪽)

사서교사로 근무하며 요즘 내가 가장 신경 쓰고 있는 부분이 학교 내 북클럽 운영인데, 작가의 이 글을 통해 내가 운영하는 북클럽의 의미를 명징하게 알 수 있었다.

　AI가 생활 전반에 스며든 요즘 시대에 책을 읽는다는 것이 구석기 시대의 일처럼 올드한 모습으로 비치기도 하고 시대의 흐름을 따르지 못하는 것처럼 보이기도 한다. 그러나 책이야말로 가장 오래된 소통의 매개체이자 지식의 보고임이 틀림없다. 책의 세계를 동경하고 책을 사랑하는 애서가들에게 이 책을 적극 추천한다. 나와 같은 생각을 하는 사람을 만났을 때의 반가움과 함께 책에 집착하는 나의 모습을 있는 그대로 인정해도 좋다는 위안을 받을 수 있다.

서로
이음

추천도서 서평

띄어쓰기, 꼭 해야 해?

— 이지은

　글을 통해 누군가와 소통할 때, 말하고자 했던 의도가 아닌 다른 뜻으로 전달된 경험이 있는가? 원하지 않았음에도 우리 일상에서는 종종 소통의 오류가 발생하곤 한다. 그렇다면 오류를 줄이기 위해서는 어떻게 해야 할까? 우리말에서는 감히 '띄어쓰기'라고 생각해본다.

　우리말은 쓰고 읽을 때 소리 나는 대로 쓸 수 있고 누구나 쉽게 배울 수 있다는 커다란 장점이 있다. 하지만 생각보다 까다로운 문법으로 올바르게 사용하기가 참 어렵다. 그중 띄어쓰기는 글을 쓰는 이 순간조차 이건 띄어야 하나 저건 붙여야 하나 정말 고민스럽다. 그러나 이렇게 골치 아픈 띄어쓰기를 올바르게 사용한다면, 우리말을 글로 적어 소통할 때 도움이 될 것이다. 전하고자 하는 바가 의도대로 온전히 전달될 수 있도록 말이다. 띄어쓰기를 어떻게 하는지, 띄어쓰기에 따라서 말의 뜻이 어떻게 달라지는지 『띄어쓰기 경주』와 함께 재미나게 배워 보자.

　이 그림책은 띄어쓰기를 달리기 경주라는 주제에 담아 전래동화 요소를 곁들여 재미나게 풀어냈다. '토끼와 거북이' 경주를 재탄생시킨 띄어쓰기 경주를 통해 토끼와 거북이가 우편배달부에 도전한다. 우편배달부가 되려면 글자를 잘 띄어 읽을 줄 알아야 한다는데, 띄어쓰기가 엉망인 토끼와 거북이를 보아하니 걱정이 앞선다. 아니나 다를까, 동물 친구들도 의심의 눈초리를 쉽게 걷어내지 못한다. 동물 친구들은 이들과 함께 달리기 경주 곳곳에 전래동화 주인공으로 등장한다. 동물 친구들이 주인공인 전래동화를 알아가는 재미 또한 이 책에서 놓칠 수 없는 즐거운 요소 중 하나이다.

띄어쓰기 경주

곽미영 글 | 지은 그림 | 만만한책방 | 80쪽 | 2024 | 15,000원

각각의 이야기마다 동물 친구들의 편지와 함께 띄어쓰기 문제가 제시된다. 재미난 경주 속에서 흥미로운 마음으로 배움에 참여할 수 있다. 더불어 띄어쓰기의 필요성과 중요성 또한 자연스레 익히게 되니 금상첨화가 아닐까 생각한다. 띄어쓰기를 재미난 문제로만 끝내지 않고, 잘못 전달된 의미가 어떤 결과를 불러오는지 토끼와 거북이의 경주를 통해 이야기한다. 또한, 이기려고 경쟁하는 옛이야기 속 토끼와 거북이와는 달리, 서로의 장점을 배우고 친구로 성장하는 두 친구의 우정어린 모습도 꽤 감동적이다. 누구든지 토끼와 거북이의 경주가 궁금하다면, 그리고 토끼처럼 잘못된 해석으로 숲에 '소'와 '무'를 심고 싶지 않다면, 띄어쓰기의 길잡이가 되어줄 책, 『띄어쓰기 경주』에서 함께 달려 보자.

#띄어쓰기 #토끼와거북이 #문해력 #전래동화

교육과정(독서활동) 연계

[2국02-02] 의미가 잘 드러나도록 문장과 짧은 글을 알맞게 띄어 읽는다.

[6국04-06] 글과 담화에 쓰인 단어 및 문장, 띄어쓰기를 민감하게 살펴 바르게 고치는 태도를 지닌다.

함께 볼 만한 콘텐츠

• [책] 『왜 띄어 써야 돼?』 박규빈 글·그림. 길벗어린이. 2016.
• [책] 『이 상한 도서관장의 이상한 도서관』 윤여림 글. 이나래 그림. 천개의바람. 2019.
• [유튜브] 아이스크림 홈런 〈띄어쓰기 공부송〉(1분). 2016.5.26.

주름을 넘어, 나를 사랑하는 법

— 이수정

그림책『주름 때문이야』는 얼굴에 가득한 주름을 발견한 주인공이 겪는 심리적 여정을 섬세하게 그려낸 작품이다. 이 책은 단순히 주름이라는 외적인 변화가 주는 불안감을 이야기하는 것이 아니다. 주름은 곧 우리가 숨기고 싶은 내면의 모습, 감추고 싶은 결점을 상징하며, 자신이 아닌 다른 사람의 시선에 지나치게 의존하는 현대인의 고립감을 표현한다. 하지만 이 작품은 그런 불안과 두려움을 극복하는 과정에서 중요한 메시지를 던진다. 바로 '자신을 있는 그대로 받아들이는 힘'이다.

주인공 '멋진 씨'는 어느 날 갑자기 얼굴에 자글자글한 주름을 보게 된다. 자신의 외모를 전혀 의식하지 않던 멋진 씨에게 주름에 대한 생각이 깊어질수록 불안과 긴장이 몰려온다. 주름을 신경 쓰기 시작하면서 평소 즐기던 일상적인 행복조차 멀어지고, 남들에게 어떻게 보일지에 대한 걱정이 커져만 간다. 자신의 변화를 받아들이지 못하는 주인공의 감정은 독자에게 큰 공감을 이끌어낸다. 우리는 누구나 나이가 들면서 혹은 삶의 여정에서 어떤 변화나 결점을 마주하게 되고, 그것이 때로는 큰 불안과 걱정을 낳기 때문이다.

작가는 이러한 외적인 변화가 내면적인 불안을 초래하는 과정을 그리면서도, 결국 그것을 넘어서는 방법을 제시한다. 주름을 숨기려 애쓰던 멋진 씨가 주름을 받아들이고, 인정하는 과정을 통해 독자는 '자기 자신을 사랑하는 법'을 배운다. 이 과정에서 주름은 더 이상 부정적인 이미지가 아니라, 나이를 먹고 숱한 경험 속에서 쌓인 '인생의 흔적'으로 변화한다. 주름은 결코 나쁜 것이 아니며, 오히려 그 사람의 인생과 경험을 고백하는 중요한 상징으로 그려진다.

주름 때문이야

서영 글·그림 | 다그림책 | 52쪽 | 2023 | 15,800원

『주름 때문이야』는 외모나 사회적 기준에 얽매이지 않고 자신을 온전히 받아들이는 힘을 길러주는 그림책으로, 그 과정을 아이들의 눈높이에 맞게 그리면서도, 그 메시지가 어른들에게도 깊은 울림을 준다.

서영 작가가 전하는 따뜻한 위로와 격려는, 특히 자아존중감이 중요한 어린이 독자들에게 큰 도움이 될 것이다. 주름을 통해 외모나 사회적 기대에 대한 부담을 이야기하면서도, 그로 인해 생기는 내면의 갈등을 포용하고 따뜻하게 풀어낸다. 자신을 있는 그대로 받아들이는 것이 얼마나 중요한지, 그리고 그것이 얼마나 큰 힘을 가지는지를 『주름 때문이야』는 조용히, 그러나 확실하게 말해준다.

"주름이 잘 보이면 어때, 재미있는 것들도 잘 보여서 좋은걸."

#자기수용 #자아존중감 #내면성장

교육과정(독서활동) 연계

[2국01-02] 일이 일어난 순서를 고려하며 듣고 말한다.

[4국05-01] 인물과 이야기의 흐름을 중심으로 작품을 감상한다.

[4국05-02] 자신의 경험을 바탕으로 작품 속 세계와 현실 세계를 비교하여 작품을 감상한다.

[4국05-05] 재미나 감동을 느끼며 작품을 즐겨 감상하는 태도를 지닌다.

함께 볼 만한 콘텐츠

• [그림책] 『나는 내가 좋아요』 윤여림 글. 배현주 그림. 웅진주니어. 2011.

• [그림책] 『고릴라 할머니』 윤진현 글·그림. 웅진주니어. 2012.

• [유튜브] 〈주름 때문이야』 서영 글·그림. 다그림책(키다리). 2023년 신작 도서〉(8:19).

멸치를 향한 세레나데

— 이선영

『멸치 다듬기』는 이상교 작가의 시에 밤코 작가의 그림을 더한 그림책이다. 이상교 작가는 아주 오랫동안 어린이를 위한 글과 시를 쓰신 작가이다. 『수염 할아버지』, 『도깨비와 범벅장수』 등이 오랫동안 사랑받은 그의 작품이다. 반면 밤코 작가는 근래 아주 '핫'한 작가이다. 직접 글도 쓰고 그린 『모모모모모』가 2021 볼로냐 라가치상을 수상했고, 『근데 그 얘기 들었어?』, 『배고픈 늑대가 사냥하는 방법』도 아이들에게 제법 잘 읽히는 책이다. 그런 두 작가가 올해 세 권의 책을 함께 만들었다. 그 첫 책이 바로 『멸치 다듬기』이다(두 번째 책이 『아주 좋은 내 모자』, 세 번째 책이 『가나다 글자 놀이』이다).

간결한 시를 그림책으로 옮기면 자칫 지루하거나 글의 재미가 떨어질 수 있다. 그런데 이 책은 볼 것이 아주 많은 보기 드문 시그림책이다. 먼저 '대가리'라는 표현과 '똥'이 아이들의 시선을 사로잡는다. 시구는 반복되지만 그림 장면은 계속 바뀌기 때문에 다음 장면의 멸치가 무슨 난리(?)를 치고 있는지 궁금해지기도 한다. 신문 위에 펼쳐진 멸치들은 춤을 추기도 하고 날아가기도 한다. 멸치로 신문 지면을 잔뜩 꾸며낸 작가의 위트가 대단하다.

시는 멸치를 다듬는 것으로 끝나지만, 그림책은 궁극의 목적, 국물 내기와 국수 먹기로 마무리한다. 요즘은 국물을 낼 때 간편하게 코인*을 쓰는 집이 많다. 그래서 멸치를 다듬는다는 걸 아예 모르는 아이들이 많다. 아이들에게 '다듬기'의 대상은 머리카락 정도일 게다. 게다가 주로 잔멸치를 먹어본 아이들은 국물멸치의 크기에도 깜짝 놀라곤 한다. 이 멸치를 어디에 쓰는지, 그 국물 맛

---

* 동전 모양으로 된 국물 맛을 내는 조미료의 한 형태. 멸치, 다랑어, 고기 등 맛도 다양함.

멸치 다듬기
이상교 글 | 밤코 그림 | 문학동네 | 48쪽 | 2024 | 15,000원

은 또 어떠한지 아이들의 상상과 궁금증을 끝없이 자극한다. 그래서 시에는 없지만, 뒷부분의 국수를 만들어 먹는 장면이 참 좋았다.

이 책을 보고 아이들과 멸치 머리를 떼고, 똥을 빼고 싶다는 충동이 강하게 들었다. 손톱에 베인 냄새를 큼큼 맡으며, 아이들에게 소감을 묻고 싶었다. 오늘 저녁엔 집에 가서 이 멸치 넣고 꼭 다시 국물도 내보라고 말해주고 싶었다. 재있는 시를 지어준 이상교 작가에게도, 자칫 모르고 넘어갈 뻔한 시를 더 재있게 만들어준 밤코 작가에게도 고마움을 전하고 싶다.

#시그림책 #신문

교육과정(독서활동) 연계

[2국05-04] 시나 노래, 이야기에 흥미를 가진다.

[4국05-05] 재미나 감동을 느끼며 작품을 즐겨 감상하는 태도를 지닌다.

[6실02-04] 식재료 생산과 선택의 중요성을 인식하고 여러 식재료의 고유하고 다양한 맛을 경험하여 자신의 식사에 적용한다.

[6실02-05] 음식의 조리과정을 체험하여 자기 간식이나 식사를 스스로 마련하는 식생활을 실천한다.

함께 볼 만한 콘텐츠

- [그림책] 『아주 작은 내 모자』 이상교 글. 밤코 그림. 사계절. 2024.
- [유튜브] 문학동네 ('상상의 경계를 넘고 또 넘으며 펼쳐지는 멸치의 세상유람' 『멸치 다듬기』 북트레일러) 2024.3.10.

나누고 베풀고, 함께 살아가는

— 구혜진

　인자하게 웃고 있는 할머니. 양손으로 들고 있는 바구니에는 송편이 가득 담겨 있다. 할머니의 모습이 얼마나 큰지, 양쪽 어깨와 팔에는 개구리, 사슴, 토끼 등 다양한 동물들이 옹기종기 매달려 있다. 그 모습을 내려다보고 있는 선글라스를 낀 달님은 익살스러운 웃음을 짓고 있다. 표지부터 유쾌하고 매력적인 그림책,『마씨 할머니의 달꿀 송편』이다.

　이 이야기는 우리나라 대표 명절, 한가위를 배경으로 하고 있다. 마고산 꼭대기에 살고 있는 마씨 할머니는 매년 한가위에 동물 친구들을 초대해 송편을 나누어 먹는다. 하지만 올해 아무도 찾아오지 않자, 할머니의 마음은 걱정으로 가득하다. 결국 할머니는 동물 친구들을 직접 찾아 나선다. 세상에 도착한 할머니는 산이 불에 타고, 논이 농약으로 오염되었으며, 갯벌이 사라져 버린 모습을 발견한다. 과연 마씨 할머니는 환경오염으로 고통받는 동물 친구들을 구해낼 수 있을까? 그리고 동물들과 함께 달콤한 송편을 나누어 먹을 수 있을까?

　이 책을 쓴 권민조 작가는 우리 옛이야기를 현대적 감각으로 재해석하여 유쾌하게 풀어내는 능력을 지닌 작가이다. 『할머니의 용궁 여행』에서는 '별주부전' 이야기를 바탕으로 해양 쓰레기 문제를 다뤄 독자들의 큰 사랑을 받았다. 『몽돌 미역국』에서는 신비로운 환상의 동물인 용을 통해, '나눔의 기쁨'이라는 주제를 따뜻하게 담아냈다. 『마씨 할머니의 달꿀 송편』에서도 마고 할미 신화를 바탕으로 환경 문제와 공존의 의미를 깊이 있게 다루고 있다. 매력적인 캐릭터와 흥미로운 이야기를 통해 어린이들의 상상력을 자극함과 동시에 환경

마씨 할머니의 달꿀 송편

권민조 글·그림 | 호랑이꿈 | 44쪽 | 2023 | 16,800원

문제와 공존의 중요성을 자연스럽게 풀어내어, 독자에게 환경 보호의 필요성을 다시 한번 생각해보게 한다. 또한, 마씨 할머니가 동물 친구들을 위해 송편을 만드는 과정은 나눔과 배려의 소중함을 깨닫게 하고, 친근한 할머니의 정을 느낄 수 있게 한다.

환경 문제에 관심이 높아지는 요즘, 이 책은 아이들과 함께 나누기 좋은 주제와 이야기를 담고 있다. 또한, 책 속 삽화 여기저기에 우리나라에서 멸종되었거나 멸종 위기에 처한 여러 동물이 등장한다. 책을 읽으며, 각 장면에 등장하는 멸종동물을 함께 찾아보는 것 또한 즐거운 경험이다.

#환경 #공존 #멸종위기동물 #마고할미 #한가위

교육과정(독서활동) 연계

[2국02-03] 글을 읽고 주요 내용을 확인한다.
[2국02-04] 글을 읽고 인물의 처지와 마음을 짐작한다.
[2국02-05] 읽기에 흥미를 가지고 즐겨 읽는 태도를 지닌다.

함께 볼 만한 콘텐츠

• [그림책] 『진짜 진짜 재있는 멸종위기동물 그림책』 사라 우트리지 글. 조 코넬리 그림. 김맑아·김경덕 옮김. 라이카미. 2022.
• [책] 『우리 집에 온 마고할미』 유은실 글. 백대승 그림. 푸른숲주니어. 2015.
• [유튜브] 〈멸종위기종이 사라진다면 인간도 큰일난다고?〉 (5:26).

건강하다는 건 표현할 줄 안다는 것

— 이수정

'감정 없는 로봇.' 학창 시절 내 별명이었다. 청소년기에 누구나 감정 때문에 힘들어하지만, 오히려 나는 감정을 거의 느끼지 못했고, 그게 축복이라 생각했다. 부모님 또한 '착한 딸'을 은근히 자랑스러워하셨다. 그러나 성인이 된 후 내가 가장 후회하는 것은 '감정을 표현하는 법'을 배우지 않았다는 사실이다. 아무리 고도로 발전한들, 로봇은 감정을 이해하거나 표현할 수 없는 기계일 뿐이다. 하지만 인간은 다르다. 인간은 감정을 느끼고, 말로 표현하며, 조절할 줄 아는 존재다. 감정을 잘 표현하는 능력이야말로 인간이 건강하게 살아가는 데 꼭 필요한 최소한의 능력이다.

『감정을 안아주는 말』은 감정을 언어로 표현하는 첫걸음을 도와주는 책이다. 이 책은 어린이 감정 코칭 도구인 '무드미터'를 바탕으로 자신이 느끼는 감정이 어떤 종류이며 얼마나 강한지 파악하도록 해준다. 감정을 인식하고 표현하는 데서 그치지 않고, 감정을 어떻게 표현하고 조절할 수 있는지 보여준다. 예들 들어 갑자기 화가 나거나 불안해질 때 스스로 할 수 있는 말이나 행동을 구체적으로 제시하며, 아이들이 자신의 감정을 조절하는 법을 배우도록 돕는다.

누군가는 이렇게까지 해야 하느냐고 묻겠지만, 학교 현장에 있다 보면 감정을 표현하는 데 어려움을 겪는 아이들이 정말 많다. '짜증난다'는 말로 모든 감정을 뭉뚱그려 표현하거나 아무 말 없이 울어버리는 아이들을 보면, 해결되지 못한 감정이 그들의 내면에 부정적으로 자리 잡지 않을까 염려되곤 한다. 감정을 표현하는 법을 배우는 것은 그들이 정서적으로 건강하게 성장하는 데 중

감정을 안아주는 말

이현아 글 | 한연진 그림 | 한빛에듀 | 96쪽 | 2024 | 16,800원

요한 역할을 한다.

『감정을 안아주는 말』은 아이들에게 감정 언어를 선물해, 감정을 흘려보내는 법을 알려준다. 책 속 다양한 감정 단어와 표현법을 통해 아이들은 자신의 감정을 더 잘 이해하고 자연스럽게 표현할 수 있게 된다. '화가 난다'는 단어를 넘어 '짜증난다', '불안하다', '걱정된다' 등 세분화된 표현을 배울 때, 아이는 감정을 더 잘 조절할 수 있는 능력을 갖추게 된다. 긍정적인 감정과 부정적인 감정 모두를 표현할 줄 아는 것이야말로 심리적 건강의 시작이다.

감정은 흐르는 물과 같다. 억지로 가두면 썩거나 터져버리듯, 억눌린 감정은 내면을 아프게 파고들어 결국 무기력해지게 만든다. 감정을 표현할 줄 아는 사람만이 진정한 자아를 발견하고 타인과 소통할 수 있다. 아이들이 『감정을 안아주는 말』을 통해 감정 표현의 언어를 배우고, 스스로의 마음을 다룰 줄 알게 된다면, 그들은 더 건강하고 자신감 있게 세상을 살아갈 수 있을 것이다.

\#감정 \#말하기 \#마음

교육과정(독서활동) 연계

[4도01-01] 자신의 감정을 소중히 여기며 존중하는 태도를 바탕으로 내가 누구인가를 탐구한다.

[4도02-03] 공감의 태도가 필요한 이유를 이해하고 도덕적 상상력을 바탕으로 대상과 상황에 따라 감정을 나누는 방법을 탐구하여 실천한다.

함께 볼 만한 콘텐츠

- [그림책] 『컬러 몬스터: 감정의 구급상자』 아나 예나스 글·그림. 김유경 옮김. 청어람아이. 2024.
- [그림책] 『감정 지도』 빔바 란트만 글·그림. 김지연 옮김. 꿈터. 2020.
- [영화] 〈인사이드 아웃 2〉(96분). 2024.

"평화를 팝니다"

— 이선영

평화시장, 직관적으로 평화를 사고파는 시장의 모습이 떠오르는 제목이다. 시장은 온갖 물건을 사고파는 공간이다. 물건을 파는 상인이 있고, 물건을 사는 손님도 있다. 물론 사지도 팔지도 않는 구경꾼도 있다. 요즘은 시장이 흔하지 않은데, 아이들에게 시장이라는 공간은 매우 흥미롭고 즐거운 공간임은 틀림없다.

별이네 삼남매도 장이 열리는 날을 손꼽아 기다렸다. '아주 오랜만'에 열리는 장이니 얼마나 설렐까. 시장에서는 과일과 생선, 갓구운 빵, 옷과 신발, 모자도 있다. 물건을 사고파는 모든 사람(동물)의 얼굴은 환한 미소로 가득하다. 그때 늑대 아저씨가 시장에 막 도착한다. 그 아저씨는 '멋진 평화'를 판다고 한다. '엄마가 맨날 말하던' 평화를 판다니 별이는 입이 떡 벌어진다(사실 책의 앞 면지는 폭탄이 터지고, 사람이 다치고, 놀라 도망가는 장면이다. 이 동네는 지금 전쟁 중이다. 그래서 시장도 아주 오랜만에 열렸나 보다).

늑대 아저씨는 나를 안전하게 지키기 위해 준비한 평화를 보여준다. 바로 솔방울 폭탄(수류탄)과 막대기(총)이다. 이 평화를 사려면 얼마를 내야 할까? 정답은 "네가 가진 귀한 물건"이었다. 별이는 동생에게 줄 귀여운 아기 신발을 주고 평화를 샀다. 별이는 생각한다. 평화를 샀으니 아빠가 올 거라고.

평화를 내가 가진 귀한 물건과 바꿀 수 있다는 늑대 아저씨의 말은 꽤 솔깃하다. '그래. 평화를 돈으로 살 수는 없지'라는 생각이 들었다. 우리가 사는 세계에 전쟁은 끊임이 없고, 그 사이에 몸과 마음이 다치는 아이들을 생각하면 평화시장에서 제발 평화를 팔았으면 좋겠다는 생각이 든다.

평화시장

김지연 글·그림 | 북멘토 | 44쪽 | 2024 | 16,800원

책을 읽고 나면 평화시장에서 팔았던 평화가 무엇이었는지 어렴풋이 느끼게 된다. 소통할 수 있는 자유로움, 즐길 수 있는 시간, 함께하는 공간, 나눌 수 있는 이웃, 이 모든 것이 평화라고 작가는 그림을 통해 보여준다.

'맑다'로 시작하는 작가의 말이 신선하다. 김지연 작가는 『난중일기』에서 '맑다'라는 표현을 인상깊게 봤다고 한다. 작가의 말은 '눈부시게 맑은 날 생을 위하여'로 마무리되는데, 이것이 책에서 보여주고 싶은 작가의 메시지가 아닐까 생각된다.

#평화 #전쟁

교육과정(독서활동) 연계

[6사12-02] 지구촌을 위협하는 다양한 문제들을 파악하고, 지속가능한 미래를 위한 해결 방안을 탐색한다.

[6도03-04] 다른 나라 사람들이 처한 여러 가지 상황을 종합적으로 이해하고 해결 방안을 탐구하며 인류애를 기른다.

함께 볼 만한 콘텐츠

- [그림책] 『설탕은 어디에 있지?』 김태경 글·그림. 앤카인드. 2024.
- [그림책] 『노란 나비』 올렉산드르 샤토킨 글·그림. 노란코끼리. 2023.
- [그림책] 『평화는요』 토드 파 글·그림. 예림당 2006.
- [유튜브] 〈평화는. solar SUN. 송지초 2학년 1반 어린이들〉. 2020.12.15.

다람이의 특별한 사전 만들기

— 구혜진

『내가 만드는 사전』은 아홉 살 어린이인 다람이가 여러 가지 낱말을 자신만의 새로운 말뜻으로 풀이해서 담아낸 책이다. 낱말 하나하나를 정의해 나가는 것을 넘어, 어린이의 순수한 눈으로 바라본 세상이 얼마나 아름답고 신비로운지 느끼게 한다. 그리고 이 책에서 새롭게 풀이해 놓은 낱말들의 뜻을 읽고 있노라면, 우리말의 아름다움을 다시 한번 깊이 느낄 수 있다.

이 책을 지은 박선영 작가는 19년간 국립국어원에서 사전을 만들어 온 사전 편찬자이다. 오랫동안 사전 편찬 작업에 참여한 경험을 바탕으로, 어린이의 눈높이에서 언어를 탐구하고 그 과정에서 성장하는 모습을 그려내고자 했다. 아홉 살 다람이가 바라보는 낱말의 의미는 어른들에게도 신선한 감동을 주며, 아름답고 순수한 감성을 되살려 준다.

『내가 만드는 사전』은 총 43개 낱말을 중심으로 구성되어 있다. 43개 각각의 낱말에 대해 다람이가 생각한 뜻풀이와 국어사전에 담겨 있는 뜻풀이가 나란히 제시되어 있다. 이를 통해 독자는 하나의 낱말을 두 가지 시각에서 이해할 수 있다. 예를 들어, '뿔'을 국어사전에서는 '소나 사슴과 같은 동물의 머리에 난 단단하고 뾰족한 것'이라고 뜻풀이하고 있지만, 다람이는 '엄마가 화날 때 솟아나는 딱딱한 새싹'이라고 표현한다. '시계'는 국어사전에서 '시간을 나타내는 기계'라고 정의하고 있지만, 다람이는 '체력 좋은 엄마와 금방 지치는 딸의 달리기가 펼쳐지는 운동장'으로 뜻풀이하고 있다. 다람이의 독창적인 표현은 어린이의 순수한 감성을 잘 보여주는데, 이를 통해 세상을 더욱 특별하게 바라보는 기회를 제공한다.

내가 만드는 사전: 사전 만드는 엄마와 다람이의 낱말 이야기
박선영·정예원 글 | 김푸른 그림 | 주니어마리 | 96쪽 | 2024 | 13,000원

다람이네 가족처럼 식구들과 함께 '사전 만들기 놀이'를 해보는 것도 특별한 경험이 될 것이다. 상상의 나래를 마음껏 펼치며, 반짝반짝 빛나고 자신만의 고운 말뜻을 만들어 보면 좋겠다. 가족과 함께하는 이러한 활동은 아이들에게 언어에 대한 흥미를 불러일으킬 뿐만 아니라, 가족 간의 소통을 더욱 깊게 만들어 줄 것이다. 언어의 소중함과 함께 가족의 사랑을 느낄 수 있는 것은 덤이다. 다람이와 함께 언어의 마법을 경험해 보길 바란다.

#사전 #우리말 #낱말 #국어사전 #말

교육과정(독서활동) 연계
[4국04-02] 낱말과 낱말의 의미 관계를 파악한다.
[4국04-01] 낱말을 분류하고 국어사전에서 찾는다.
함께 볼 만한 콘텐츠
- [그림책] 『우리 가족 말 사전』 김성은 글. 이명환 그림. 봄개울. 2023.
- [책] 『초등학생을 위한 우리말 생각 사전』 우리말알림이팀 글. 김푸른 그림. 주니어마리. 2024.

스스로에게 건네는 따뜻한 위로

— 박은비

'가는 말이 고와야 오는 말이 곱다', '말은 사람의 마음을 여는 열쇠', '언어는 세상을 바꾸는 가장 강력한 무기다' 등…. 예나 지금이나 말에 대한 명언들은 끊임없이 쏟아진다. 그만큼 말이 소중하고 그 힘이 크기 때문이다. 말 한마디가 사람의 마음을 움직이고, 때로는 세상을 바꿀 수 있다는 사실은 우리가 매일 마주하는 진리이기도 하다.

이 책에서 전하는 메시지도 바로 그런 중요성을 담고 있다. 남에게만 좋은 말을 건네는 것이 아니라, 자신에게도 예쁜 말을 해주는 것이 진정으로 자신을 사랑하는 방법이라는 것이다. 우리는 종종 다른 사람에게 따뜻하고 긍정적인 말을 아끼지 않지만, 정작 자신에게는 차갑고 비판적인 말을 많이 한다.

그러나 자신을 사랑하는 첫 번째 단계는 자기 자신을 존중하고, 부정적인 생각보다는 격려와 위로의 말을 건네는 것이다. 자신에게 예쁜 말을 건넬 때, 비로소 자신을 더 잘 돌보고 더 나은 모습으로 성장할 수 있다.

책의 내용은 간결하면서도, 자신을 격려하고 사랑하는 예쁜 말들이 담겨 있다. 그 말들은 모두 자신에게 더 친절하고, 너그럽게 대하는 방법을 보여준다. "나라서 소중한 거야", "가장 빛나는 눈은 내 마음속에 있어", "나는 나라서 소중한 거야"와 같은 나를 위로하는 말들을 보며, 자연스럽게 마음이 따뜻해진다.

특히 이 책의 큰 장점은 어린이부터 어른까지, 모든 이들에게 필요한 메시지를 전한다는 것이다. 자신에 대한 부정적인 생각이나 자존감이 낮아지는 순간, 이 책의 예쁜 말들이 큰 위로가 될 수 있다. 누군가에게 칭찬을 받기 위해

나에게 들려주는 예쁜 말

김종원 글 | 나래 그림 | 상상아이 | 61쪽 | 2024 | 16,800원

기다리기보다는, 스스로에게 긍정적인 말을 건네는 것이 얼마나 중요한지 다시 한번 깨닫는다.

책에 담긴 삽화도 매우 사랑스럽고 부드럽다. 밝고 따뜻한 색감의 그림들은 내용과 잘 어우러져 읽는 이로 하여금 마음이 편안해지고 힐링되는 느낌을 준다. 특히, '예쁜 말'이라는 단어에서 느껴지는 따뜻하고 부드러운 느낌처럼, 이 책은 마음 깊은 곳에서 우러나오는 긍정적인 에너지를 선물한다. 매일의 삶 속에서 스스로에게 어떤 말을 건네야 할지, 어떤 마음가짐을 가져야 할지 고민하는 이들에게 큰 힘이 되지 않을까.

말은 단순한 의사소통의 도구를 넘어 사람과 사람 사이의 관계와 감정에 깊은 영향을 미친다. 그보다 더 중요한 것은 바로 자기 자신을 먼저 사랑하고, 고운 말과 바른 생각을 생활화하는 것이다. 이 책은 자기 사랑의 첫걸음을 떼는 데 필요한 소중한 지침서이며, 스스로에게 건네는 따뜻한 위로가 되어줄 것이다.

#언어사용 #자기계발 #바른말 #위로

교육과정(독서활동) 연계

[2바01-02] 나를 이해하고 존중하며 생활한다.

[2즐01-03] 가족이나 주변 사람과 소통하며 어울린다.

[2슬01-02] 나를 탐색하여 나에 대해 설명한다.

[2바03-01] 하루의 가치를 느끼며 지금을 소중히 여긴다.

함께 볼 만한 콘텐츠

- [그림책] 『서로에게 들려주는 따뜻한 말』 김종원 글. 나래 그림. 상상아이. 2024.
- [그림책] 『다정한 말 단단한 말』 고정욱 글. 릴리아 그림. 우리학교. 2022.
- [유튜브] 〈김종원 작가님과 함께 만드는 '나에게 들려주는 예쁜 말' 북트레일러〉(2:29).

미술관을 즐기는 유쾌한 방법

— 이지은

　미술관이 주는 고요함과 편안한 분위기 속에서 그림이 건네는 이야기를 감상하는 걸 좋아한다. 미술관을 거닐며 마음 가는 대로 자유롭게 작품을 감상하곤 했다. 그러나 가끔, 다른 사람은 어떤 마음과 어떤 생각으로 그림을 감상하고 있는지 궁금하다. 작품을 어떻게 읽어내는지, 그림을 감상하는 방법이 정해져 있을지 말이다.

　『아이리스의 신기한 미술관』은 정해진 방법과 원칙대로 그림을 감상하는 것이 아니라 마음껏 상상하며 감상하는 생동감 있고 흥미진진한 그림 이야기를 담았다. 어린이만의 유쾌한 상상력을 엿보는 재미있는 미술관 이야기를 통해 미술관을 그저 따분하고 지루하게만 생각했던 사람도 생각이 달라질 수 있다.

　비 오는 날 이 책의 주인공 '아이리스'는 미술관에 놀러 간다. 미술관에서 논다는 건 미술관을 뛰어다니며 신나게 노는 것이 아니라, 그림을 보는 것이다. 아이리스는 끊임없이 뚱딴지같은 소리만 한다. 아이리스 곁에는 코끼리 '코로모코'가 있는데, 코로모코는 한없이 다정한 말로 그림을 설명해주기도 하지만, 잘못된 행동에 대해서는 단호하게 말하며, 미술관에서 함께 그림을 즐긴다. 코끼리라는 안내자를 등장시켜 다소 밋밋할 수 있는 전개에 판타지 요소를 더해 미술관을 더욱 신비하게 만든다. 코로모코는 그림 설명과 더불어 미술관이 어떤 공간인지, 미술관에서는 무엇을 할 수 있는지 이야기해준다.

　아이리스는 코로모코와 함께 본인만의 참신한 방법으로 그림을 감상한다. 생각보다 작은 초상화인 〈모나리자〉를 보며, 친절한 사람 같지만 힘들고 지겹겠다고 생각한다. 겨울철 배경으로 그려진 그림인 〈스케이트 타는 사람들과

아이리스의 신기한 미술관

크리스틴 슈나이더 글 | 에르베 피넬 그림 | 이정주 옮김 | 비룡소 | 56쪽 | 2023 | 15,000원

새덫이 있는 겨울 풍경)을 보면서 추위를 함께 느끼기도 한다.

그림책 속 미술관에는 누구나 한 번쯤 봤을 유명한 화가의 명화가 나와 읽는 이에게 친숙하게 다가온다. 바로 이 점이 미술을 어렵게만 생각했던 사람에게도 그림에 대한 흥미를 유발시킨다. 또한, 아이리스와 코로모코가 함께 미술관을 즐기는 모습이 담긴 삽화는 독자에게 실제 미술관에 와있는 착각을 불러일으킨다.

사람이 살아가면서 꼭 필요한 것 중 하나가 예술이라 생각한다. 바쁜 삶 속에서도 때로는 미술관이 주는 고요함 속 평온함을 누리며 살아가길 소망하며 이 책을 추천한다. 반 고흐의 작품인 〈아이리스〉에서 이름을 따온 아이리스의 통통 튀는 매력과 미술관의 친절한 안내자 '코로모코', 그리고 '코로모코'를 '코로먹고'로 들은 유쾌한 할머니까지, 그 어느 것 하나 놓치고 싶지 않은 이 책은 독자에게 미술관이라는 공간을 좀 더 가깝게 만들어주는 매개체가 되어줄 것이다. #미술관 #명화 #그림감상

교육과정(독서활동) 연계

[4미03-02] 미술 작품의 특징과 작품에 관한 자신의 느낌과 생각을 설명할 수 있다.

[4미03-04] 작품 감상에 흥미를 가지고 참여하며 작품에 대한 자신의 감상 관점을 존중할 수 있다.

[6미03-01] 미술 작품을 작품이 만들어진 시대적, 지역적 배경 등과 연결하여 이해할 수 있다.

함께 볼 만한 콘텐츠

- [그림책]『판다의 절규』타이스 팥데르헤이던 글. 정신재 옮김. 노란돼지. 2024.
- [책]『예술로 세상을 구하라, 아트 어벤저』올라프 팔라펠 글·그림. 김인경 옮김. 책과콩나무. 2024.
- [책]『어린이를 위한 세계 미술관』이규민 글. 김초혜 그림. 이종주니어. 2019.
- [책]『왜 유명한 거야, 이 그림?』이유리 글. 허현경 그림. 우리학교. 2022.
- [책]『미술관 가는 날』정승은·김세연 글. 정진희 그림. 노란돼지. 2024.

모든 순간이 음악처럼, 펜 선 위 마법

— 이수정

그런 책이 있다. 한눈에 반해버리는 책. 올해 그런 감정을 느낀 작품은 손에 꼽는데, 그중 하나가 『모두 다 음악』이다. 『모두 다 음악』은 우리 주변에 흐르는 일상의 소리를 새로운 시각으로 풀어낸다. 단순히 시각적인 즐거움에 그치지 않고, 청각적인 경험을 시각화하여 독자에게 깊은 감동을 전달한다. 가벼운 펜 드로잉과 밝은 노란색을 활용한 독특한 일러스트는 독자들에게 시각적 상쾌함을 선사하는 동시에, 일상의 소리를 음악처럼 묘사하는 섬세한 감각을 제공한다.

2024 볼로냐국제아동도서전 '올해의 일러스트레이터' 수상작인 만큼 『모두 다 음악』의 가장 큰 특징은 바로 그림이다. 얇은 펜 선을 사용하여 그려낸 일상적인 장면들-조용한 공원의 풍경, 붐비는 도심의 거리, 고요한 골목길-은 세심하면서도 자유로운 터치로 이루어져 있다. 이 그림들은 마치 순간순간의 감정을 포착한 것처럼, 각기 다른 분위기를 자아낸다. 그림책 속 공간은 어떤 때는 평화롭고, 또 어떤 때는 분주하고 활기차게 펼쳐지며, 그에 맞는 소리가 마치 들리는 듯한 착각을 일으킨다.

특히 노란색의 사용은 이 책에서 중요한 역할을 한다. 눈을 확 사로잡으면서도 그림에 생동감을 불어넣고, 그 자체로 이야기에 활력을 더한다. 이 노란색은 소리가 만들어내는 기쁨과 경쾌함을 시각적으로 표현하는 도구가 되며, 그 소리들이 우리의 일상 속에서 얼마나 가까이 존재하는지를 알려준다. 아이들이 뛰어놀 듯 노란색을 따라가다 보면 어느새 숨겨진 여러 악기와 그 속의 즐거움을 발견하고 자신도 모르게 미소를 짓게 될 것이다.

모두 다 음악

미란 글·그림 | 사계절 | 44쪽 | 2024 | 16,800원

또한, 이 책은 단순히 그림만으로 이야기를 전달하지 않는다. 페이지마다 등장하는 다양한 소리들–새들의 지저귐, 도심의 백색 소음, 그리고 고요한 골목에서 들리는 휘파람–은 글이나 설명 없이도 그림 속에 고스란히 담겨 있다. 예를 들어, 한 장면에서 새들의 지저귐은 그림 속 공원의 평화로움과 도심 속의 백색 소음은 복잡하게 얽힌 건물들의 그림과 함께 완벽하게 어우러지며, 그 속에서 흐르는 다양한 소리의 층위를 독자에게 전한다. 이처럼 소리와 이미지는 하나의 유기적인 흐름을 이루며, 서로의 존재를 더욱 풍성하게 만들어준다.

『모두 다 음악』은 그 제목 그대로, 우리가 일상에서 흔히 접하는 소리들이 얼마나 중요한 의미를 가질 수 있는지 일깨워준다. 많은 사람이 '소리'를 일상적인 배경으로만 생각하기도 하지만, 이 책은 그 소리들이 어떻게 우리의 삶에 감동과 의미를 부여하는지 묻는다. 우리가 듣는 소리들은 단순한 배경이 아니라, 우리의 감정과 연결된 중요한 요소라는 점에서 이 책은 아이들에게 큰 교훈을 남긴다. 모든 순간 함께하는 음악을 잠깐이라도 즐겨보기를 바란다.

#소리 #일상 #소중함 #따뜻함

교육과정(독서활동) 연계

[4음03-04] 생활 주변의 소리나 장면을 모방하며 음악의 새로움을 즐기는 태도를 갖는다.
[6음02-04] 생활 속에서 음악을 찾아 들으며 아름다움을 느끼고 공감한다.
[6음03-04] 생활 주변 상황이나 이야기를 활용하여 음악을 만들며 열린 태도를 갖는다.

함께 볼 만한 콘텐츠

- [영상] 크롬 뮤직랩 〈스펙트로그램〉.
- [유튜브] 〈한 번쯤 무조건 들어본 소리 맞히기 퀴즈!〉 (2:18).
- [유튜브] 〈일상생활 속 들을 수 있는 55가지 소리 (1~2탄)〉 (4:18).

음악의 즐거움에 대하여

— 구혜진

왠지 모르게 마음이 울적하고 힘든 날엔 음악을 듣곤 한다. 그저 가만히 좋아하는 음악을 듣고 있노라면, 나도 모르게 마음이 편안해지고 덩달아 기분이 좋아진다. 음악은 위로가 될 뿐만 아니라, 긍정적으로 변화시켜 주는 힘이 있음을 느낄 수 있다. 기분이 좋은 날에도 음악은 빠질 수 없다. 즐거운 날, 기쁜 날에 듣는 음악은 행복한 기분을 배가시킨다. 이렇게 음악은 우리의 삶과 떼려야 뗄 수 없는 요소이다.

『음악이 왜 필요할까?』는 우리 삶에서 매우 중요한 부분인 음악의 중요성에 관해 이야기한다. 이 책은 봄마중 출판사의 '질문 많은 어린이를 위한 생각 수업' 시리즈 중 한 권으로, 초등학교 어린이들이 궁금해하는 철학, 예술, 역사, 과학, 기술 등 여러 가지 분야의 질문들에 대해 쉽게 이해할 수 있도록 돕는다. 『음악이 왜 필요할까?』에서는 음악이 언제 어떻게 시작되었으며, 음악의 종류에는 어떤 것이 있는지, 우리에게 어떤 도움을 주는지 등 음악과 관련한 다양한 지식을 쌓을 수 있도록 안내한다.

이 책을 지은 사라 월든은 아동문학 석사 학위를 받은 후, 출판사에서 오랜 경력을 쌓으며 다양한 어린이 콘텐츠를 제작해 온 전문가이다. 작가는 이 책을 통해 음악이 우리 삶에서 얼마나 중요한지를 알려주고, 어린이들이 음악을 쉽고 재미있게 이해할 수 있도록 한다.

『음악이 왜 필요할까?』는 총 13개 장으로 구성되어 있다. 음악의 시작에서부터 다양한 음악의 종류, 합창단과 오케스트라의 의미, 음악의 세계에 변화를 불러온 컴퓨터의 역할까지 폭넓게 다룬다. 각각의 장에서는 음악에 관한 주제

음악이 왜 필요할까?

사라 월든 글 | 케이티 루스 그림 | 봄마중 | 36쪽 | 2023 | 12,000원

들을 질문 형식으로 구성하여, 어린이들이 스스로 생각하고 궁금증을 해결할 수 있도록 유도한다. 예를 들어, '음악은 언제부터 시작되었을까요?'라는 질문을 담은 장에서는 음악의 역사와 기원에 대해 생각하게 하고, '음악의 종류는 얼마나 다양한가요?'라는 장에서는 음악의 다양한 종류에 대한 궁금증을 해결할 수 있도록 한다.

책의 내용을 따라가다 보면 독자들은 음악이 단순한 소리가 아니라, 감정을 표현하고 소통하는 중요한 수단임을 자연스레 느낄 수 있다. 그리고 다양한 음악의 종류를 소개함으로써, 어린이들이 자신의 음악 취향을 발견할 수 있다. 음악 세계를 탐험하고, 음악이 주는 즐거움을 함께 나누는 소중한 경험을 할 수 있다.

#음악 #악기 #노래

교육과정(독서활동) 연계

[2즐02-01] 내가 참여할 수 있는 문화 예술을 향유한다.

[2즐02-04] 다양한 세상을 상상하고 표현한다.

[4음02-03] 다양한 종류의 음악을 듣고 음악의 분위기를 묘사하거나 쓰임을 이야기한다.

함께 볼 만한 콘텐츠

- [그림책] 『모두 다 음악』 미란 글·그림. 사계절. 2024
- [그림책] 『소리 통통 음악 시간』 김리라 글. 신빛 사진. 한솔수북. 2022
- [책] 『초등학생이 알아야 할 음악 100가지』 제롬 마틴 글. 페데리코 마리아니 그림. 어스본코리아. 2022.

그리움을 그리다

— 박은비

『시간의 노래 얀 투롭』은 시간의 흐름과 그 속에서 우리가 느끼는 감정, 삶의 소중함을 탐구하는 그림책이다. 책은 깊고 철학적인 메시지를 전하면서도, 아이들에게는 감성적이고 상상력 넘치는 방식으로 접근한다. 우리는 첫 장에서 긴 글을 마주한다. 이후 이야기는 모두 그림으로만 전개된다. 이 그림들은 시간의 흐름에 따른 주인공의 감정 변화와 삶의 소중한 순간들을 섬세하게 포착하며, 독자들에게 아름다운 시각적 경험을 선사한다.

"내 그림은 수평선 같아요. 저 너머에 무언가 있거든요."

얀 투롭은 고흐, 몬드리안과 함께 19세기 네덜란드를 대표하는 화가로, 인상주의와 사실주의, 아르누보 스타일을 아우르며 그만의 독특한 미술 세계를 구축했다. 얀 투롭이 처음에는 생소할 수 있지만, 그의 작품이 우리가 알고 있는 많은 유명 화가들의 화풍에 지대한 영향을 미쳤다는 점에서 중요한 인물로 자리잡고 있다. 이 책은 헤이그시립미술관이 투롭의 전시를 기획하면서, 작가 키티 크라우더에게 그림책 작업을 의뢰하여 탄생했다. 그래서인지 키티 크라우더는 얀 투롭의 작품을 오마주하며, 강렬한 색채와 감각을 더해 재해석했다.

이 책이 주는 가장 큰 메시지는 '시간의 흐름과 우리의 감정'이다. 시간이란 단순히 흘러가는 것이 아니라, 우리의 감정과 깊은 관계를 맺고, 삶 속에서 중요한 순간들을 만들어간다. 주인공은 시간의 흐름 속에서 다양한 감정을 경

시간의 노래 얀 투롭
키티 크라우더 글·그림 | 강수진 옮김 | 책빛 | 32쪽 | 2023 | 16,000원

험하며, 독자들은 그 여정을 따라가며 자연스럽게 시간의 소중함을 깨닫게 된다.

이 책은 글보다 그림으로 많은 이야기를 전달한다. 얀 투롭이 고향인 인도네시아를 떠나 네덜란드로 가는 여정, 연인과 사랑에 빠지는 과정, 인생의 고난 등을 그림으로 풀어내어, 아이들에게는 시간의 흐름을 감각하게 하고, 어른들에게는 잃어버린 소중한 감정과 기억을 되새길 기회를 제공한다. 시간은 그저 흘러가는 것이 아니라, 우리 마음속에 깊은 흔적을 남기며 지나간다. 그 흔적은 우리가 잊고 살았던 감정이나 기억들, 그리고 우리 삶의 작은 기쁨과 슬픔이다.

따라서 이 책은 단순한 그림책을 넘어, 시간이라는 주제를 통해 모든 세대가 공감하고, 삶의 의미를 되새길 수 있는 깊고 아름다운 작품이라 할 수 있다. 시간은 언제나 흐르고 있지만, 그 속에서 우리는 끊임없이 변화하고 성장하며, 삶의 진정한 의미를 찾을 수 있다는 깨달음을 준다.

#예술 #미술 #얀 투롭

교육과정(독서활동) 연계
[2바04-02] 다양한 생각이나 의견에 대해 개방적인 태도를 형성한다.
[2국01-03] 자신의 감정을 표현하며 대화를 나눈다.
[2국02-04] 글을 읽고 인물의 처지와 마음을 짐작한다.
[2국03-04] 인상 깊었던 일이나 겪은 일에 대한 생각이나 느낌을 쓴다.
[2국05-02] 인물의 모습, 행동, 마음을 상상하며 그림책, 시나 노래, 이야기를 감상한다.
함께 볼 만한 콘텐츠
• [유튜브] 〈네덜란드 아르누보 화가-얀 투롭〉(1:54)

플라스틱, 우리 공존할 수 있을까?

— 이지은

'지구 이대로 괜찮을까?' 여기 누군가 지구를 걱정하고 있다. 지구에 대한 걱정으로 기자회견까지 열게 된 바로 그 누군가의 이름은 '폴-리-에-틸-렌-테-레-프-탈-레-이-트!' 보통은 '페트'라고 불리는 플라스틱이다. 환경오염의 주범으로 오인되는 바로 그 플라스틱이 지구를 걱정하고 있다. 『뽈라스틱』의 주인공인 '페트'가 아무래도 지구에 대한 걱정으로 단단히 화가 난 모양이다.

1973년, 혁신적으로 태어난 플라스틱은 현재 우리 생활의 대부분을 함께하고 있다. 먹고, 싸고, 씻고, 놀고 그 모든 순간과 공간에 플라스틱이 없다는 건 이젠 상상하기도 어렵다. 석유 찌꺼기로 발명된 플라스틱은 사용하기에 편리하다는 장점이 있으나, 썩지 않는 치명적인 문제로 환경문제를 발생시킨다. 문제의 심각성을 증명하듯 출판시장에서도 환경 관련 새로운 책이 계속 쏟아져 나온다. 그 가운데 이 책 『뽈라스틱』은 우리에게 조금 새로운 관점을 제시한다. 늘 그렇듯 '환경문제 심각! 플라스틱 사용금지!'라기보다, 지구를 위협하는 플라스틱을 우리 삶에서 완전히 없앨 수 없다면 어떻게 사용해야 좋을지 질문을 던진다.

사실 플라스틱은 정말 편리하다. 그리고 마법처럼 무엇이든 만들어 낼 수도 있다. 튼튼하고, 투명하고, 녹슬지도 않고, 곰팡이도 못 건드리며, 아주 오래간다. 심지어 썩지도 않는다. 그런데 이렇게 천하무적인 플라스틱도 결국 미래가 걱정되긴 하니 보다. 책 속 주인공인 플라스틱 삼총사 '비닐', '스티로폼', '페트'는 미래에 대한 고민을 시작한다. 썩지도 사라지지도 못하는 그들은 플라스틱을 먹는 세균이 나타나지 않는 이상 무서운 미세 플라스틱 괴물이 되는

뿔라스틱

김성화·권수진 글 | 이명하 그림 | 만만한책방 | 84쪽 | 2024 | 15,000원

결말만이 기다리고 있기 때문이다. 플라스틱으로 만들어진 물건에서 떨어져 나와 부스러진 미세 플라스틱은 먼지보다 작아져서 고요히 흐르다가 결국 사람들의 식탁에 오른다.

"미안합니다, 여러분. 한 달이면 칫솔 1개 무게만큼 일 년이면 칫솔 12개 무게만큼 여러분의 입속으로 미세 플라스틱이 들어가요!"

인간의 삶을 편리하게 만들어줬으나 결국엔 우리 삶의 모든 것을 위협하고 있는 플라스틱. 그림책 속 주인공 '페트'는 인간의 반려 플라스틱이 되고 싶다며 기자회견을 마무리한다. 플라스틱과 인간이 공존하려면 어떻게 해야 할까? 아, 정말 어려운 숙제다!

"플라스틱이 썩는 건 세상에서 가장 어려운 일이야!".

#플라스틱 #환경 #반려플라스틱 #지구 #실천

교육과정(독서활동) 연계

[2슬03-04] 우리의 생활과 관련된 지속가능성의 다양한 사례를 찾고 탐색한다.

[6도04-01] 지구의 환경 위기 상황을 이해하고, 이를 극복하기 위한 다양한 방안을 찾아 자신의 일상에서 실천하고자 노력한다.

[4과14-03] 인간 활동이 생태계에 미치는 영향을 조사하고, 생태계 보전을 위해 우리가 할 수 있는 일을 토의하여 실천할 수 있다.

함께 볼 만한 콘텐츠

- [책] 『덤벼! 플라스틱』 마틴 도리 글. 팀 웨슨 그림. 허성심 옮김. 매직사이언스. 2019.
- [책] 『얼음산 빙수 가게』 정현진 글·그림. 올리. 2024.
- [영상] 벌거벗은 세계사 170회 〈신의 선물인가? 저주인가? 플라스틱의 역습〉(99분). 2024.9.24.

과학을 위한 첫걸음

— 이선영

학생들은 모두 한 해 동안 두 번의 장기 방학을 갖는다. 방학을 하는 이유는 배움을 잠시 쉬면서 다음 학기를 도모하기 위함도 있지만, 여럿이 모여 학습을 하기에는 힘든 날씨이기 때문이다. 아이들은 방학을 기다린다. 특히 여름 방학을. 물놀이도 할 수 있고, 집을 떠나 여행을 가기도 한다. 그렇지만 사계절 내내 덥다면 어떨까?

책은 '지금은 2100년이에요'라는 문장으로 시작한다. 비행 택시가 날고 있고, 미래도시에서 배달을 맡고 있는 로봇도 보인다. 그래픽 디자이너인 오숙진 작가의 그림이 미래도시와 잘 어울린다.

주인공인 철호네 가족은 2100년에도 다행히(?) 계절이 바뀔 때마다 강원도 할아버지 댁에 놀러 간다. 여기까지는 표지에서 빨간색으로 강조된 '충격'이라는 단어와 어울리는 내용이 없다. 강원도 할아버지 댁에 도착했을 때까지만 해도 '뭔가 고급진 것 말고는 2100년에도 달라진 게 없는데?'라는 생각이 든다.

2100년 봄, 여기서부터 뭔가 이상한 기운이 느껴진다. 당연스레 밭을 가는 할아버지와 달리, 물놀이를 하고 있는 철호, 나무 사이를 걸어 다니는 원숭이, 나무에 붙어있는 도마뱀, 그리고 열대기후에서나 볼 수 있는 나무까지 발견하고 나면 '아 뭔가 많이 잘못된 것 같다'라는 생각이 든다. 그제야 매 장마다 본인의 소임을 다하고 있는 쨍쨍한 해님이 보인다.

2100년에는 봄부터 겨울까지 내내 물놀이를 한다. 왜냐하면 펄펄 끓는 용광로 같은 불볕더위가 계속되기 때문이다. 심지어 한국 지도가 많이 바뀌어 있다. 제주도는 사라지고, 부산은 섬이 되었다. 제주도 출신 할아버지에게 듣는

제주도가 지도에서 사라졌다

김현태 글 | 오숙진 그림 | 머스트비 | 56쪽 | 2024 | 16,000원

옛날이야기는 그립기도 하고, 무섭기도 하다. 그때 철호는 잠에서 깬다. 창밖에는 눈이 내리고 있다. 아직 추운 겨울이다.

2008년에 출간되어 교과서에도 실린 『투발루에게 수영을 가르칠 걸 그랬어!』는 우리나라에서 먼, 섬나라 투발루가 가라앉고 있다는 내용을 다루고 있다. 2024년에는 이 그림책에서 곧 제주도가 사라진다고 한다. 주인공 철수를 통해 작가는 '참 다행이다'와 '마냥 즐거울 수는 없다'는 말을 전한다. 왜냐하면 '지구는 정말로 점점 뜨거워지고 있'기 때문이다.

2024년을 살아가는 우리는 아마도 철호 할아버지 세대에 가까울 것이다. 손자(미래 세대)에게 제주도의 아름다움을 옛이야기로 들려주는 것이 우리 세대가 할 수 있는 최선인지 생각해보게 되는 그림책이다.

#환경 #지구온난화 #기후위기 #기후변화

교육과정(독서활동) 연계

[2슬03-04] 우리의 생활과 관련된 지속가능성의 다양한 사례를 찾고 탐색한다.

[6사02-01] 우리나라의 계절별 기후 특징을 자료에서 탐구하고, 기후변화로 인한 자연재해의 심각성을 이해한다.

함께 볼 만한 콘텐츠

• [그림책] 『자, 맡겨 주세요!』 이소영 글·그림. 비룡소. 2023.

• [유튜브] YTN 〈'부산·제주' 사라진다… 극한의 한반도 상황〉. 2023.3.22.

과학을 위한 첫 발걸음

— 박은비

『계절과 날씨: 하늘은 변덕쟁이야』는 날씨와 계절을 주제로 자연의 흐름과 인간의 감정, 삶의 변화를 연결하여 보여주고 있다. 날씨와 계절의 변화는 단순한 자연 현상을 넘어 우리 내면과 깊이 연관되어 있다는 것이다. 날씨는 하루하루 우리의 기분과 상황에 큰 영향을 미친다. 햇빛이 쨍쨍하고 맑은 날에는 기분이 좋아지고, 비가 오거나 흐린 날에는 종종 우울한 감정이 드는 경험은 누구나 한 번쯤 겪어보았을 것이다.

이와 같은 일상적인 경험을 넘어 자연의 변화와 감정의 변화를 상징적으로 연결 지으며, 우리는 그 속에서 삶의 의미와 변화를 어떻게 받아들이고 이해할 수 있는지 깊은 통찰을 제공한다. 계절의 변화처럼 인간의 삶도 끊임없이 변하고 때로는 예상치 못한 극적인 변화를 겪기도 한다. 그런 변화 속에서 어떻게 자기 자신을 이해하고 받아들여야 하는지를 깨달아야 한다.

이 책이 포함된 '나의 첫 과학책 12' 시리즈는 과학을 처음 접하는 아이들에게 훌륭한 입문서이다. 사계절의 변화, 구름, 비, 눈, 바람, 태풍, 그리고 일기 예보의 비밀까지 다양한 날씨 현상을 쉽게 설명하며, 아이들이 자연의 법칙을 재미있고 친숙하게 배울 수 있도록 돕는다. 특히, 책을 다 읽고 나면 '나의 첫 과학 클릭!' 코너에서 간단한 상식을 배울 수 있고, '나의 첫 과학 탐구' 코너에서는 더 깊은 궁금증을 풀어볼 수 있는 심화 학습을 제공한다. 아이들 스스로 질문하고 답을 찾아가는 과정에서 사고력을 확장할 수 있다. 단순히 정보를 습득하는 것을 넘어 생각을 확장할 수 있고, 자연의 다양한 현상을 재미있게 배울 수 있다.

계절과 날씨: 하늘은 변덕쟁이야

박병철 글 | 조에스더 그림 | 휴먼어린이 | 42쪽 | 2023 | 15,000원

또한, 책에 담긴 삽화는 아이들의 호기심을 한층 더 자극하는 요소로 작용한다. 귀여운 캐릭터들과 알록달록한 색감은 단순한 시각적 요소를 넘어, 이야기의 생동감을 더해주고 자연스럽게 책에 몰입할 수 있도록 한다.

보호자와 함께 책을 읽으며 질문을 던지고, 그에 대한 답을 찾아가는 과정은 아이들의 사고력을 키우는 데 큰 도움이 된다. 교사는 이 책을 수업의 기초 자료로 활용하여 학생들에게 과학적 호기심을 유도하고 수업을 더욱 풍부하게 만들 수 있다.

이 책은 아이들이 자연과학을 즐기며 배울 수 있도록 돕는다. 그 자체로도 훌륭한 과학 입문서일 뿐만 아니라, 아이들의 생각을 끌어내며 더욱 깊이 있는 학습을 할 수 있는 유용한 도구가 될 것이다.

#과학 #날씨 #계절 #자연관찰

교육과정(독서활동) 연계

[2바03-01] 하루의 가치를 느끼며 지금을 소중히 여긴다.

[2바03-02] 계절의 변화에 대응하며 생활한다.

[2슬03-02] 계절과 생활의 관계를 탐구한다.

[2슬03-01] 하루의 변화와 사람들이 하루를 살아가는 모습을 탐색한다.

함께 볼 만한 콘텐츠

- [그림책] 『열려라 까꿍! 사계절과 날씨』 홀리배시 글. 멜리산드 루스 링거 그림. 어스본코리아. 2022.
- [그림책] 『변덕쟁이 날씨가 계절을 만들어요』 조한 글. 전병준 그림. 한국헤르만헤세. 2014.
- [유튜브] 〈봄 여름 가을 겨울 과학송〉(2:49).

"못 하면 어때. 다시 하면 되지"

— 노훈금

　책 표지에 태권도 도복을 입은 아이들이 뛰어가며 웃는 모습이 보인다. 어딘가로 달려가는 모습, 푸른 하늘과 초록의 잔디밭이 아이들을 더 빛나게 한다. 『우리는 여름』은 태권체조를 같이 시작하며 함께하는 즐거움을 배우는 여섯 아이의 성장기이다. 겨루기와 품새가 중심인 도 대회에 심드렁하던 이나가 태권체조에 관심을 갖게 된다. 단짝 서하와 늘 한쪽에서 그림 그리는 아이 름이, 6학년 진아 언니, 쌍둥이 형제 시후, 지후와 함께 함께 태권체조팀을 만든다. 관장님 아들 세찬이는 아이들이 태권체조팀에 관심을 가지는 모습을 보며 빈정거리며 시비를 걸지만, 아이들은 동작과 음악을 맞춰보며 한여름 8월 한 달 동안 연습하며 대회를 준비한다. 합숙훈련까지 하며 선배들의 조언도 듣고, 대회 날까지 노력한다.

　이 책을 자신이 좋아하는 것이 무엇인지 생각하며 진로를 고민하는 초등 고학년 친구들에게 권한다. 태권도에 관심있는 아이라면 더 재미있게 읽을 수 있다. 운동에 전혀 관심없는 아이도, 친구들과 함께하는 운동이 미치는 좋은 영향과 배움을 느껴보면 좋겠다.

　"한 사람이 실수해도 그게 흠으로 보이지 않을 만큼 잘 어우러지는 모습을 보여주는 게 진짜 좋은 팀이라고 생각해."(163쪽)

　아이들은 때때로 자신이 원치 않더라도 부모님이 중요하게 여기는 일을 해야 할 때가 있다. 부모님 앞에서 자신의 의견을 말하지 못하고 속으로 끙끙대

우리는 여름

윤슬빛 글 | 남수현 그림 | 책읽는곰 | 224쪽 | 2024 | 15,000원

며 마지못해 하는 아이들이 이나와 름이의 행동을 보면서 위로와 용기를 얻기를 바란다. 자신이 좋아하는 것을 선택하고 도전하는 마음, 함께하는 즐거움과 의미를 온몸으로 느끼게 해주는 책이다.

몇 년 전 마을축제에서 태권체조를 구경해본 기억이 있다. 절도있게 음악에 맞추어 군무를 추는 아이들, 그 자신감있는 모습이 참으로 멋져 보였다. 얼마나 많은 시간 동안 연습했을까. 그들을 바라보는 동안 눈물이 났다. 모두의 어깨를 두드려주고 싶은 마음도 들었다.

"넌 할 수 있어. 못 하면 또 어때. 다시 하면 되지. 어떤 것도 너보다 중요하진 않아."(216쪽)

이나 고모의 이 말은 우리 어린이들 모두에게 주고 싶은 따뜻한 응원의 선물이다.

#태권도 #태권체조 #진로 #행복 #스포츠 #운동 #성장동화

교육과정(독서활동) 연계

[6체02-11] 스포츠 활동에 참여하며 팀원과 협력하고 구성원을 배려한다.

[6체02-02] 기술형 스포츠 유형별로 기본 움직임 기술을 응용한 기본 기능을 파악하고 수행한다.

[6도01-01] 자주적인 삶에 대한 이해를 바탕으로 자신의 생활계획을 세우고 실천하여 주체적인 삶의 태도를 기른다.

함께 볼 만한 콘텐츠

- [책] 『고양이 해결사 깜냥 3. 태권도의 고수가 되어라』 홍민정 글. 김재희 그림. 창비. 2021.
- [책] 『불량 수제자』 이유리 글. 임나운 그림. 위즈덤하우스. 2023.
- [유튜브] 〈한마당 국내 태권체조 주니어 결선 1위 리틀K타이거즈〉(2:43).
- [유튜브] 〈결승전에서 동점(?) 표출되자 각성 폭발해버린 '품새 천재' 이주영Poomsae Asian Champion KOR Jooyeong LEE〉(4:33).

시대가 변해도, 변하지 않는 가족의 의미

— 노훈금

우리는 가족과 함께 산다. 우리는 외롭거나 힘들 때 가족을 찾는다. 그것은 인간의 본능이 아닐까 생각한다.

이 책은 엄마의 유전자를 복제해서 태어난 유나가 사이보그 할머니와 함께 살면서 가족의 사랑을 느끼는 이야기다. 유나는 엄마가 화성으로 출장간 1년 동안 할머니와 살게 된다. 할머니에게는 비밀이 하나 있는데 몸 일부가 기계라는 것이다. 할머니는 몸이 아플 땐 비싼 사이보그 병원에 가지 않고 황 박사의 정비소를 찾아간다. 황 박사네에 자주 놀러가면서 유나는 나중에 황 박사처럼 형편이 어려운 사이보그들을 도와주는 사람이 되고 싶다는 꿈을 꾸게 된다. 로봇 손을 분해하고 조립해보면서 유나는 할머니가 아플 때 고쳐줄 수 있도록 연습한다.

책 속 유나 할머니의 모습은 우리의 가까운 미래를 상상하게 해준다. 할머니는 생각과 마음은 사람이지만, 팔과 다리 등 일부 신체는 기계의 모습이다. 할머니는 유나가 어렸을 때 손녀를 구하려다 부상을 당하고, 과학의 도움으로 몸 일부가 기계로 대체되었다. 뉴스에서 우리는 과학기술 덕분에 인간의 생명을 연장하는 다양한 도움을 받을 수 있다는 소식을 듣는다. 빠르게 변화하는 세상 속에서 우리는 무엇이 달라지는지, 무엇을 준비해야 하는지 고민해봐야 한다. 우리가 모르는 사이에 소중한 것들을 잃어가고 있지 않은지, 곰곰히 생각해 볼 필요가 있다.

초등학교 수준에서 읽기에 딱 좋은 SF소설이다. 유전자를 복제해서 부모와 자식의 관계를 만들 수 있는 시대가 온다 해도 서로 아껴주고 사랑하고 그리

우리 할머니는 사이보그

남유하 글 | 센개 그림 | 해와나무 | 108쪽 | 2023 | 13,000원

워하는 변하지 않는 가족의 가치를 느낄 수 있다.

표지에서 보이는 유나의 당당한 표정 뒤에 서 있는 로봇 팔 할머니의 뒷모습이 든든하게 느껴진다. 내가 모르는 내 모습 뒤에는 나의 건강과 행복을 바라는 가족이 있다는 것을 느낄 수 있는 책이다.

#포스트휴먼 #로봇 #가족사랑 #과학기술 #유전자복제

교육과정(독서활동) 연계

[6국05-06] 작품을 읽고 자신의 삶과 연관 지어 성찰하는 태도를 지닌다.
[6과16-01] 미래 사회에 일어날 수 있는 문제를 조사하고, 문제를 해결하는 데 과학이 기여할 수 있는 방법을 토의할 수 있다.

함께 볼 만한 콘텐츠

- [책] 『9.0의 비밀』 조규미 글. 김령언 그림. 해와나무. 2023.
- [유튜브] 〈미래의 사이보그, 로봇, 그리고 인간〉(4:59).
- [유튜브] SBS 친절한 경제 ("사람 뇌에 칩 이식"… 본격 '사이보그' 시장 열리나)(5:00).

좌절을 딛고 일어나는 아이들을 위한 응원

— 김은정

　김래연 작가는 상상하는 일을 좋아하고, 상상이 글로 표현되는 순간에 행복을 느낀다. 두둥실 그림작가는 구름같이 잔잔하고 자유로운 그림을 그리는 일러스트레이터이다. 두 작가의 상상과 자유로움이 만나 푸른 하늘과 나무처럼 희망찬 『내일은 비걸』 작품이 탄생하였다.

　열세 살 바다는 키가 작아 벤치 신세인 배구선수였지만, 스스로 한계를 깨닫고 배구를 그만둔 이후로 흰긴수염고래 영상을 보는 게 낙이다. 우연히 비걸인 나혜라의 브레이킹 영상을 본 이후로 비걸 세계에 점점 관심을 가진다. 좋아하는 고래 영상보다 브레이킹 영상을 보는 시간이 늘더니 '내일은 비걸' 동아리에 가입하여 연습을 시작한다. 춤이 아니라 노동이라는 생각이 들 정도로 힘들고 어설픈 첫 도전이지만, 바다는 브레이킹에 마음을 다한다.

　새로운 도전은 대부분 두렵고 걱정되지만, 많은 것들을 꿈꾸는 열세 살의 도전은 푸르게 빛난다. 바다는 배구선수에서 비보이 소녀로 꿈을 바꾼다. 언젠가 또 다른 꿈으로 바뀔지도 모르지만, 좌절을 딛고 일어서는 아이들이, 많은 것들을 해보고 싶은 아이들이 더 빛날 수 있도록 응원한다.

　책의 가장 큰 매력은 다양한 인물의 개성과 성장이다. 바다, 서원, 진별, 초록 등 각각의 인물이 서로 다른 꿈을 가지고 있지만, 함께 도전하고 성장하는 과정을 통해 깊은 우정을 나눈다. 특히, 바다와 서원은 서로에게 큰 자극과 영감을 주며, 함께 성장해 나간다. 바다의 엄마 또한 중요한 역할을 한다. 홀로 바다를 키우면서도 긍정적이고 활기차게 살아가는 엄마의 모습은 바다에게 큰 힘이 된다. 엄마가 줌바 학원을 준비하는 과정은 바다에게 꿈을 향해 도전

내일은 비걸

김래연 글 | 두둥실 그림 | 씨드북 | 192쪽 | 2024 | 13,000원

하는 용기를 준다. 이러한 가족의 지지와 응원은 바다가 새로운 도전을 시작하고, 꿈을 향해 나아가는 데 있어 큰 버팀목이 된다.

꿈을 향한 도전, 좌절 속에서 피어나는 용기, 따뜻한 우정과 사랑, 그리고 꿈을 향한 원동력까지, 이 모든 감정을 섬세하게 전달한다. 세상을 향해 멈추지 않는 그들의 이야기가 좌절을 겪은 아이들에게 고스란히 전해져 일어설 용기가 되었으면 좋겠다. 모든 아이가 흰긴수염고래처럼 자유롭게 가고 싶은 곳으로 도전하는 것을 멈추지 않기를 바란다. 책 내용처럼 세상에 멋지지 않은 꿈은 없으니까!

"꿈꾸는 모든 이에게 세상은 한껏 열려있다."(에필로그 중)

구체적인 목표와 함께 꿈을 이루려는 아이들, 자신의 꿈을 향해 달려가지만, 열정과는 달리 좌절을 경험하는 아이들, 그리고 꿈을 잃어버려 방황하거나 새로운 꿈을 다시 꾸고 도전하는 독자에게 이 책을 추천한다.

#브레이킹 #꿈 #도전 #희망 #회복탄력성

교육과정(독서활동) 연계

[6실01-07] 직업의 필요성을 이해하고 적성, 흥미, 성격에 따라 진로 발달 계획을 세우고 주도적으로 탐색한다.

[6도01-03] 자기가 하고 싶은 일을 선택할 때 도덕적 고려의 필요성을 알고 자신의 특기와 적성을 탐색하여 진로 계획을 수립한다.

[6국05-06] 작품을 읽고 자신의 삶과 연관 지어 성찰하는 태도를 지닌다.

함께 볼 만한 콘텐츠

- [책] 『알로하, 파!』 강인송 글. 안난초 그림. 사계절. 2024.
- [유튜브] 한국컴패션 〈13살 마사이 소년, 오두뽀이의 꿈〉(3:07).
- [영화] 〈스탠바이, 웬디Please Stand By〉(93분). 2018.

우리가 치킨을 먹어야 하는 이유

— 임정연

사서교사로 일하다 보면 학생들로부터 다양한 장르의 책 추천 요청을 받는다. 그중에서도 높은 비중을 차지하는 것은 단연 연애소설이다. 끝맺음이 어떻게 되는지, 작품 속 캐릭터가 어떤 성격인지, 사랑의 형태가 일방인지 쌍방인지 복잡하게 얽혀 있는지에 따라 호불호가 갈리기 때문에 최대한 많은 작품을 읽어본다. 제목에 사용된 '사춘기'라는 단어 속에는 분명 청소년들의 연애 이야기도 포함되어 있으리라는 생각으로 이 책을 읽기 시작했다. 연애이야기이긴 하지만, 그보다 더 우선되는 것은 바로 '치킨'이다.

책은 다섯 개 단편으로 구성된다. 「체중계의 사랑」은 남자친구에게 차인 여자아이의 외모 자존감, 「사랑의 물 분자」는 서로 맞춰가는 과정을 화학 작용에 비유한 연애, 「전류 차단의 원칙」은 가족의 '썸'을 바라보며 생기는 질투와 열등감, 「나는 여기 있다」는 나의 존재를 모르는 대상과의 일방적 짝사랑, 「나는 괜찮나요」는 사랑 때문에 흔들리는 우정, 그로 인한 불안감에 대해 다루고 있다.

이 단편들의 공통점은 사랑에 실패하고 아픔을 겪는다는 것이다. 자전거를 처음 배울 때처럼 아이들의 사랑 역시 수많은 넘어짐을 경험해야 마침내 균형을 잡을 수 있게 되나 보다. 만약 이들의 모든 관계가 처음부터 순조롭게만 흘러갔다면 진정한 사춘기라고 할 수 없을지도 모른다.

제목에 적힌 치킨에 대한 언급은 「사랑의 물 분자」에서 나온다. 작품 속 두 학생은 연금술이라는 공통 관심사를 계기로 연애를 시작하지만, 소통에 어려움을 겪는다. 데이트를 위해 학원에 지각하고, 친구와 멀어지며 노력하는 하나와 달리 지완은 답장도 느리고 대답도 퉁명스럽다. 서로 다른 원소들이 결

일단 치킨 먹고, 사춘기!

박효미 글 | 임나운 그림 | 주니어RHK | 157쪽 | 2024 | 15,000원

합하여 만들어지는 화합물처럼 하나는 규칙을 만들어 둘 사이를 화합해보려고 시도하지만 지완은 혼자서 만든 규칙이라며 무시한다. 이별의 슬픔으로 밥 한 끼를 굶은 하나는 배고픔을 참지 못하고 치킨을 시켜 먹는다. 치킨은 하나의 기분을 좋게 만들어준다.

하나가 치킨을 먹은 것은 타인이 아닌 자신을 위한 행위이다. 치킨은 위로가 되어주고, 배고픔을 해결해준다. 매슬로우의 욕구 단계 이론에서도 애정과 소속의 욕구보다 먼저 해결해야 할 것은 생리적 욕구라고 설명한다. 잘 자고, 잘 먹으며 자신을 돌보고 사랑해주면 힘든 시기를 버틸 힘이 생긴다.

하나는 지완과의 아픈 연애를 통해 깨닫는다. '사랑은 연금술이 아니었다. 우리가 사귀어도 우리는 여전히 각자 자신인 것이다'라고. 우리는 저마다 소중한 자아를 가지고 있다. 용광로처럼 끓여서 나를 억지로 바꾸고 고통스럽게 합치기보다, 샐러드가 다양한 재료의 고유함을 조화롭게 담아내듯, 우리는 각자의 다름을 인정하며 함께 어우러질 수 있다. 세상의 모든 아이가 맛있는 치킨을 먹으며 자신이 꿈꾸는 모습대로 성장하기를, 행복한 사랑을 하기를 응원한다. #사춘기 #인간관계 #사랑

교육과정(독서활동) 연계

[4국05-02] 자신의 경험을 바탕으로 작품 속 세계와 현실 세계를 비교하여 작품을 감상한다.

[6국05-06] 작품을 읽고 자신의 삶과 연관 지어 성찰하는 태도를 지닌다.

함께 볼 만한 콘텐츠

- [책] 『나 혼자 사춘기』 오늘 글. 노인경 그림. 문학과지성사. 2023.
- [책] 『사춘기 대 갱년기』 제성은 글. 이승연 그림. 개암나무. 2020.
- [책] 『그 애가 나한테 사귀자고 했다』 박현경 글. 김정은 그림. 그린북. 2022.

책으로 떠나는 세계 축제 여행

― 신윤해

"죽음으로 헤어진 게 안타깝기는 하지만 슬프지는 않아. 이렇게 일 년에 한 번씩 만날 수 있는 기회가 주어지잖아. 얼마나 반갑고 기쁜지 몰라. 산 사람들은 죽은 사람이 좋아했던 것들을 준비하고 기쁜 마음으로 영혼을 기다리지. 영혼은 가족이나 친구를 만나러 올 때 그냥 오지 않아. 행운과 번영을 선물한단다."(33쪽)

멕시코 사람들은 1년에 한 번, 죽은 사람들이 가족과 친구를 만나러 온다고 생각했다. 그래서 이들을 위해 공원이나 가정에 제단을 마련하고, 11월 1일에는 죽은 아이들을, 11월 2일에는 죽은 어른들을 위해 기도하는 문화가 있다. 이러한 축제를 '죽은 자들의 날'이라고 하며, 우리나라에도 이와 비슷한 문화인 제사가 있다. 우리나라는 고인이 돌아가신 날에 음식을 차려놓으면 조상님이 찾아온다고 생각했지만, 멕시코에서는 특정한 날에만 죽은 자들이 찾아올 수 있다고 여기는 점에서 차이가 있다.

소중한 사람이 죽고 난 뒤에도 보고 싶고 그리운 마음은 세계 어디에서나 같겠지만 누군가를 기리기 위한 문화의 방식은 조금씩 다르다. 한국도 점차 다양한 문화권 사람들이 유입되고, 정착하여 살아가는 사람들이 많아지고 있다. 세계 시민으로서 여러 국가와 민족의 사람들과 살아가기 위해서는 서로 다른 문화를 올바르게 이해하고 포용할 수 있는 마음의 그릇이 필요한데, 이 책을 통해 이 부분을 생각해보는 기회가 된다.

이 밖에도 다양한 세계의 축제 문화를 가시라는 아이를 통해 스토리텔링 형식으로 알기 쉽게 소개해 주고 있다. 어느 날 가시는 선생님께 기묘한 가죽 구

호기심 소녀의 어쩌다 세계 축제 여행
박현숙 글 | 김병하 그림 | 개암나무 | 108쪽 | 2023 | 13,000원

두를 선물받고, 이 구두를 신고서는 세계 곳곳의 축제 현장에 떨어지게 된다. 이탈리아 베네치아의 카니발, 이집트 아부심벨 페스티벌, 하와이의 알로하 페스티벌. 캐나다 퀘백의 윈터 카니발 등 그곳에서 가시는 다양한 세계 축제 문화를 경험한다. 책을 읽는 동안 주인공 가시와 함께 세계 축제 여행을 하고 다양한 문화를 간접 경험해 볼 수 있다.

#세계 문화 #세계 축제

교육과정(독서활동) 연계

[6사10-01] 세계의 여러 지역의 지형 경관을 살펴보고, 이를 통해 다양한 삶의 모습을 이해한다.

[6사10-02] 세계의 다양한 기후를 알아보고 기후 환경과 인간생활 간의 관계를 탐구한다.

함께 볼 만한 콘텐츠

• [책] 『놀면서 배우는 세계축제 1』 유경숙 글. 송진욱 그림. 봄볕. 2016.
• [책] 『Why? 와이 세계의 축제』 김승렬 글. 김정진 그림. 예림당. 2015.
• [영화] 〈코코Coco〉(104분) 리 언크리치. 2018.

디지털 세상을 안전하게 살아가기 위한 친절한 안내서

— 노훈금

　이 책은 학생들이 디지털 세상을 살아가며 생기는 문제점과 사례를 이야기식으로 쉽게 전달하는 디지털 세상살이 가이드이다. 유튜브, 카카오톡, 인스타 등 다양한 디지털 환경에서 조심해야 할 부분이 무엇인지를 8개 주제로 나누어 설명한다. '디지털 발자국', '사이버 범죄', '사이버 폭력', '개인정보 공개', '영상 콘텐츠', '인터넷 사기', '저작권 침해', '악플'이라는 주제로 나누어 학생들에게 일어날 수 있는 상황을 동화로 보여준다.

　이 책의 특징은 크게 세 가지로 나눌 수 있다. 첫째, 초등 고학년 학생들의 수준에서 실제 생활 속에서 일어날 수 있는 이야기들과 알고 있어야 할 정보를 보여주어 학생들이 디지털 생활을 하면서 겪게 되는 일들을 이해하기 쉽도록 구성했다. 일반적인 지식정보 책은 일상생활에서 가깝게 적용할 수 있는 부분이 적어 학생들에게 쉽게 다가오지 않을 수 있다. 제대로 알지 못해 겪게 되는 행동의 위험성에 대해 경고하고, 대처 방법을 생각해보도록 하고 있다.

　둘째, 스마트폰과 인터넷을 사용하기 시작하는 연령의 아이들에게는 안전한 디지털 생활에 대해 준비할 수 있도록 한 책이다. 스마트폰을 이용할 때 어느 부분에서 주의해야 하는지 사례를 보면 쉽게 파악할 수 있다. 실제 채팅 대화 내용을 그림으로 구성하여 집중해서 읽을 수 있다.

　셋째, 학생들을 지도하는 교사와 학부모에게도 큰 도움이 되는 책이다. 학생들이 어떤 부분에서 위험에 빠지게 되고 어떤 부분에서 도움을 주어야 하는지 어른들도 알아두어야 한다. 또한, 적절한 분량으로 구성되어 있어 학생들과 함께 읽고 이야기 나누기에 부담이 없다. 일정 부분은 활동지로 재구성하

지켜보고 있다! 너의 디지털 발자국

장예진 글 | 안희경 그림 | 썬더키즈 | 152쪽 | 2024 | 14,000원

여 학생들에게 내용을 정리해서 활용하면 좋다.

각 주제 끝부분에는 관련 지식과 정보, 도움을 받을 수 있는 기관 등을 알찬 정보가 담겨 있다. 예를 들어 남들에게 보이고 싶지 않은 사진을 다른 친구가 올렸을 때 어떻게 반응해야 할지 생각할 부분을 제시하고 있다. 또한, 채팅방에서 사이버폭력의 우려가 있는 부분은 어떤 부분인지, SNS에 어떤 내용을 쓰는 것이 개인정보 노출인지 등을 고민하게 해준다. 사이버폭력 대응방법, 인터넷 사기 예방법 등 범죄예방은 물론 사후대처 방법까지 제시되어 있다.

디지털 생활을 편리하고 안전하게 하기 위해서는 우리 학생들에게 필수 지식들을 교육하는 것이 필요하다. 교사, 학부모 등과 함께 읽고 실제 일어날 수 있는 문제에 대해 이야기 나눠보는 것도 좋겠다.

#디지털생활 #사이버폭력 #사이버범죄 #단톡방 #개인정보 #악플

교육과정(독서활동) 연계

[4도03-02] 디지털 사회에서 발생하는 다양한 문제를 살펴보고, 해결 방안을 탐구하여 정보통신 윤리에 대한 민감성을 기른다.

[6국06-03] 적합한 양식과 수용자의 반응을 고려하여 복합양식 매체 자료를 제작하고 공유한다.

[6국06-04] 자신의 매체 이용 양상에 대해 성찰한다.

함께 볼 만한 콘텐츠

- [책] 『장난이 아니야』 선자은, 이재문, 전여울, 황지영 지음. 에이욥프로젝트 그림. 키다리. 2023.
- [책] 『피노키오에게도 미디어 리터러시가 필요해』 하리라 지음. 홍기한 그림. 꿈꾸는섬. 2024.
- [유튜브] 지식채널e 〈보이지 않아서〉(5:54).
- [유튜브] SBS 〈당사자 없는 단톡방 욕설도 학교폭력입니다〉(2:06).

생활 속 생생한 경제이슈가 '쏙쏙'

— 김은정

이정주 작가는 20여 년 동안 대기업 홍보실에서 일하면서 만난 최고 경영자, 경제 전문가들로부터 경제를 배웠다. 또는 경제에 대한 깊은 통찰을 어깨너머로 배웠다. 끊임없이 쏟아지는 경제뉴스들은 생소하면서도 어렵다. 쉽고 재미있으면서도 흐름을 놓치지 않는 경제 이야기를 쓰려는 노력으로『지구촌 아이들이 들려주는 SDGs 이야기』,『엄마, 나도 오늘부터 주식투자 할래요』,『1+1이 공짜가 아니라고?』,『카카오톡이 공짜가 아니라고?』등의 책을 출간하였다.

생활 속 사례로 생생하게 배우는 경제 2권『카카오톡이 공짜가 아니라고?』는 유튜브, 새벽배송, 반려동물, 구독경제, 패스트패션, 카카오톡, K-컬처, 무인점포 8가지 최신 경제 이슈를 다루고 있다. 일상생활에 친숙하게 자리하고 있는 생활 속 경제 개념과 흐름을 초등학생 눈높이에 맞춰 친절하게 설명하는 경제 정보책이다. 또한, 생활 속에 녹아있는 경제와 사회문제를 깊이 있게 다루고 있어 경제 개념과 변화를 알고, 그에 따른 사회문제에 대해 생각하고 토론할 수 있는 유익한 책이다.

우선 우리가 즐겨 보고 있는 유튜브가 어떻게 생겨나고 성장했는지를 설명하면서, 광고를 봐야지만 무료로 시청할 수 있는 유튜브에 대해 생각해보게 한다. 최근 아이들의 장래희망 1순위가 된 유튜버. 그러나 큰돈을 버는 유튜버는 전체 유튜버의 1퍼센트밖에 안 된다는 사실을 알려준다. 막연한 유튜버에 대한 환상을 깨고 현실을 직시할 수 있도록 하는 것이다. 일상 속 경제 이슈들을 아이들의 이야기로 소개하고, 경제 개념들을 상세하게 설명하여 아이들이 미래 경제 주체로서 합리적이고 현명하게 대처하고 할 수 있게 해준다.

카카오톡이 공짜가 아니라고?

이정주 글 | 허현경 그림 | 개암나무 | 188쪽 | 2024 | 14,800원

무인점포는 사람 대신 자동화 기계로 여러 가지 상품을 파는 가게다. 인건비가 적게 들어 문구점, 카페 등 다양한 종류의 무인점포가 늘고 있다. 책 속 아이들의 다양한 무인점포 사용기를 읽고 난 뒤 '생각해 봅시다' 코너를 통해 무인점포의 여러 측면을 생각해 볼 수 있다. 기계에 익숙한 세대는 쉽고 편리하게 무인점포를 이용하는 반면, 노약자 등은 기계에 익숙하지 않아 돈이 있어도 물건을 구매하기 어렵다. 또한, 일자리 감소 문제가 생기고, 윤리의식이 부족한 어린이들이 몰래 물건을 훔치는 등의 범죄도 발생하고 있다는 점을 지적한다.

이 책의 특별한 점은 한 가지 주제에 대해 깊이 있게 생각하고 고민하여 세상을 바라보는 시각을 확장시키고, 경제에 관한 폭넓고 깊이 있는 지식을 습득할 수 있다는 데 있다.

8개 이슈로 나누어 있어서 순서대로 읽어야 하는 부담감 없이 관심 있는 주제부터 읽어나갈 수 있을 뿐만 아니라 초등학교 4, 5, 6학년 교과서에 관련 내용이 실려 있어 교과연계도서로 활용하기 좋은 책이다.

#경제 이슈 #생활 경제 #경제 흐름 #경제 지식 #사회문제

교육과정(독서활동) 연계

[6도04-02] 지속가능한 삶의 의미를 탐구하고 미래 세대에 대한 책임을 강화하여 자연의 다양성을 존중하고 생산성을 유지할 수 있는 미래를 위한 실천 방안을 찾는다.

[6사12-02] 지구촌을 위협하는 다양한 문제들을 파악하고, 지속가능한 미래를 위한 해결 방안을 탐색한다.

[6국01-05] 자료를 선별하여 핵심 정보를 중심으로 내용을 구성하고 매체를 활용하여 발표한다.

[4국01-06] 주제에 적절한 의견과 이유를 제시하고 서로의 생각을 교환하며 토의한다.

[4사03-01] 최근 사회 변화의 양상과 특징을 파악하고, 그로 인해 나타난 생활모습의 변화를 탐색한다.

함께 볼 만한 콘텐츠

- [책] 『1+1이 공짜가 아니라고?』 이정주 글. 강은옥 그림. 개암나무. 2018.
- [유튜브] YTN 〈대담한 무인 과자할인점 상습 절도… 잡고 보니 초등학생 2명〉(1:34).

그런 법이 어디 있어요?

— 임정연

한국에 사는 초등학생 김 아무개는 아침으로 마늘볶음밥을 먹고 집을 나섰다. 교과서와 각종 문제집, 도서관에 반납할 책까지 가득 담은 책가방은 5킬로그램을 가뿐히 넘는다. 어젯밤 깜박 잠드는 바람에 미처 보지 못한 인기 동영상을 보며 길을 걸었다. 일과를 마치고 집에 가려니 어느덧 저녁 7시, 속이 더부룩해 실수로 방귀를 뀌었는데 지나가는 사람이 있어 서둘러 집에 들어갔다. 만약 김 아무개가 사는 곳이 한국이 아닌 특정 국가라면, 그와 그의 부모님은 범법자가 된다. '마늘을 먹었다면 외출 금지', '어린이에게 무거운 책가방 금지', '휴대폰 보면서 보행 금지', '공공장소에서 방귀 금지' 조항에 어긋나기 때문이다.

그런 법이 어디 있냐고 물으신다면 대답해드리는 게 인지상정. 이 책에 소개된 바에 따르면 4개 법안은 각각 미국의 인디애나주, 플로리다주, 캘리포니아주, 하와이에서 시행되고 있다. 왜 주마다 다른 법을 갖게 되었는지는 '이해를 돕는 나라별 정보'란에서 확인할 수 있다. 각 나라의 역사와 지리적 특징을 바탕으로 법이 만들어진 배경과 당위성을 설명해준다.

몇 년 전 괌으로 여행을 갔을 때 종이신문을 우연히 읽은 적이 있다. 맨 앞면에 아동학대 범죄자 기사를 싣고 있었는데, 어린 자녀를 태우고 과속 운전했다는 내용이었다. 정확한 수치는 기억나지 않지만, 한국에서 통상적인 속도가 그 나라에서는 과속이었다. 그것이 아동학대로 확대 적용된다는 점이 놀라웠는데 이 책에서 괌의 또 다른 아동학대 관련 법을 발견했다. 연평균 기온이 섭씨 삼십도 이상이기 때문에 주차된 차 온도가 급격히 올라갈 것을 대비해 차

세상에 이런 법이 있다고?
박효연 글 | 박선하 그림 | 스푼북 | 96쪽 | 2023 | 12,600원

안에 어린이를 혼자 두면 안 된다는 법이었다. 해당 국가의 자연환경이 법에 미치는 영향을 알 수 있었다.

법은 세계의 평화를 지키기 위해 존재하는 사회적 약속이다. 덕분에 우리는 복잡한 사회 속에서도 나름의 질서를 유지하며 안전하게 보호받는다. 이 질서가 오래도록 유지되려면 강제성이 필수불가결한데, 그로 인해 법의 이미지는 다소 어렵고 딱딱하게 만들어진다. 네모반듯한 벽돌로 빈틈없이 세워진 무채색의 성벽 같달까.

하지만 그 성벽은 생각보다 유연한 성질을 가졌다. 다양한 색채를 지녔고, 영원할 것 같지만 언젠가 무너진다. 벽을 쌓은 사람들의 특성이 반영되어 저마다의 개성을 지닌다. 가벼운 마음으로 이 책을 한 장씩 즐기다 보면 이 말에 공감할 수 있을 것이다. 어디선가 이런 물음이 들린다.

"그런 법이 어디 있어요?"

그럼 이 책을 들고 달려가 이렇게 외쳐보자.

"여기 있어요!"

#법 #세계문화 #세계시민

교육과정(독서활동) 연계

[6사10-01] 세계 여러 지역의 지형 경관을 살펴보고, 이를 통해 다양한 삶의 모습을 이해한다.

함께 볼 만한 콘텐츠

- [책] 『지켜줘요! 슈법맨』 서아람 글. 최활 그림. 아르볼. 2023.
- [책] 『법 만드는 아이들』 옥효진 글. 김미연 그림. 한경키즈. 2022.
- [유튜브] 차말남 〈말도 안 되는 각나라별 법들〉(3:56). 2021.8.29.

아는 만큼 보이는 명화의 세계

— 최남희

주인공 주아는 매주 수요일 오후를 기다린다. 할머니와 함께 그림 이야기를 나누는 날이기 때문이다. 이전에는 어렵게 느껴졌던 명화들이 할머니 이야기와 질문을 따라가면서 더 큰 감동으로 다가온다. 명화 감상을 통해 아이들은 자연스럽게 세상을 보는 시각이 넓어져 풍부한 감수성을 키우게 된다.

『할머니와 함께 읽는 명화 이야기: 미술관 가는 날』은 예술 작품 감상을 통해 아이들의 삶이 더 풍요로워졌으면 하는 저자의 바람을 담았다. 이를 위해 할머니와 손녀라는 친근한 관계를 등장시켜 소재의 부담을 덜었다. 따뜻하고 쉬운 어조로 손녀와 대화하며 들려주는 할머니의 명화 이야기를 물 흐르듯 따라가다 보면 명화를 처음 접하는 아이들도 명화의 매력에 빠지게 될 것이다. 할머니의 삶의 지혜와 어린 손녀의 호기심이 독자를 책 속으로 끌어들여 작가의 삶을 깊이 들여다보게 한다.

책은 고흐, 모네, 세잔, 바스키아 등 누구나 한 번쯤은 들어보았을 세계 유명화가 열여덟 명의 삶과 작품으로 구성되어 있다. 여기에 김홍도, 이중섭 등 우리나라를 대표하는 작가도 포함되어 있어 다양한 시대와 나라의 명화를 풍부하게 만날 수 있다. 각 작가의 대표 작품 위주로 복잡한 미술 용어를 사용하지 않고 설명하였으며 작가를 이해하는 데 중요한 사건이나 인물 등을 별도의 지면을 할애해 짤막하게 소개하며 마무리한다.

처음 소개되는 고흐를 예로 들자면 그의 그림 〈붓꽃〉을 통해 연두색과 보라색의 보색 관계를 보여주고 생동감이 느껴지는 고흐만의 붓 터치 기법을 알아본다. 〈귀에 붕대를 한 자화상〉을 보며 고흐의 다친 귀를 걱정하는 손녀에게

할머니와 함께 읽는 명화 이야기: 미술관 가는 날
정승은·김세연 글 | 정진희 그림 | 노란돼지 | 168쪽 | 2024 | 17,000원

할머니는 스스로 귀를 자른 고흐의 절망과 고통을 이야기해 준다. 손녀는 그림 속 인물의 표정과 상황을 통해 당시 작가의 감정과 메시지를 이해하며 다른 이의 감정에 크게 공감하는 경험을 한다. 명화를 보며 작가의 꺾이지 않는 도전 정신과 열정을 읽는 것이다. 말미에는 고흐와 동생 테오의 감동적인 형제애도 소개한다.

하나의 작품은 작가의 인생을 담고 있다고 해도 과언이 아니다. 그 한 점의 그림을 통해 아이들은 누군가의 내면을 이해하고 감정을 느끼고 공감하는 능력을 자연스럽게 기른다. 이렇게 명화는 작가가 살던 시대의 문화와 사회적 분위기, 역사적 사건을 반영하기 때문에 과거의 삶과 시대상을 배우는 데 큰 도움이 된다.

아이들이 『할머니와 함께 읽는 명화 이야기: 미술관 가는 날』에서 소개하는 작가들의 그림 속에 스며있는 삶과 정서를 이해하게 된다면, 앞으로 만나게 되는 예술 작품을 통해 그 너머 이야기를 상상하고 공감하며 즐기게 될 것이다.

#명화 #화가 #명화감상법 #미술관

교육과정(독서활동) 연계
[4미03-04] 작품 감상에 흥미를 가지고 참여하며 작품에 대한 자신의 감상 관점을 존중할 수 있다.
[6미03-01] 미술 작품을 작품이 만들어진 시대적, 지역적 배경 등과 연결하여 이해할 수 있다.
함께 볼 만한 콘텐츠
• [책] 『우리 교실은 명화 미술관』 이든 글. 해와나무. 2023.
• [그림책] 『한눈에 펼쳐보는 우리 명화 그림책』 이광표 글. 이혁 그림. 진선아이. 2024.
• [유튜브] noblesse TV 〈정우철의 아트터치: 세상을 바꾼 세잔의 사과!〉(5:10). 2021.12.8.

이야기로 만나는 빈센트 반 고흐의 미술 세계

— 김은정

　김미진 작가는 미국 메릴랜드 대학에서 미술을 공부했다. 귀국 후, 수많은 전시회를 가졌으며, 1995년 장편소설『모짜르트가 살아 있다면』을 발표하여 작가로 등단하였다. 현재 화가와 작가로서 활발한 활동을 하고 있다. 저서는 『자전거를 타는 여자』,『우리는 호텔 캘리포니아로 간다』, 여행 에세이『로마에서 길을 잃다』등이 있다. 작가이자 화가의 관점으로 '작고 아름다운 미술수업 시리즈'를 출간하고 있는데, 두 번째 시리즈인『(작고 아름다운) 고흐의 미술수업』은 다채로운 색채와 이야기로 많은 사람에게 위로와 행복을 선물한다.

　한국인들에게 잘 알려진 화가 빈센트 반 고흐는 네덜란드 출신의 후기 인상파 화가로, 독특한 화풍과 감성적인 표현으로 현대 미술사에서 중요한 위치를 차지하며 오늘날 그의 작품들은 전 세계적으로 큰 사랑을 받고 있다. 반 고흐의 대표작으로는 〈별이 빛나는 밤〉, 〈자화상〉, 〈해바라기〉 등이 있다. 반 고흐는 강렬한 색채와 거친 붓질, 독창적인 시각으로 자연과 사람을 그렸다. 특히 그의 작품은 종종 그의 감정 상태와 내면의 고통을 반영하고 있어서 이러한 요소들이 그림에 깊이와 감동을 더해준다.

　이 책은 어린이들을 위한 미술 수업답게 빈센트 반 고흐의 삶과 작품 세계와 형제의 우애를 동화처럼 풀어내고 있다.

　헐벗은 사람에게 자기 옷을 벗어주고, 배고픈 사람에게 자기 빵을 나누어주는 반 고흐를 우체부 롤랭 씨 등 몇몇 사람은 좋아했지만, 마을 사람들은 겉으로만 착한 척을 하고 뭔가 음흉한 속셈이 있을 거라고 마을에서 쫓아낸다. 마을 사람들과 잘 어울려 지냈다면 반 고흐는 덜 외롭고 더 건강하게 오래 살아

(작고 아름다운) 고흐의 미술수업

반 고흐 그림 | 김미진 글·그림 | 열림원어린이 | 144쪽 | 2024 | 16,000원

작품 활동도 하고 인정도 받지 않았을까. 이러한 역경 때문에 그의 작품 세계가 더 깊고 강렬할 수도 있다.

빈센트 반 고흐의 어린 시절부터 죽음에 이르기까지 이야기 중 동생 테오와의 우애 담긴 대화와 편지를 주고받는 내용이 인상적이다. 형의 그림 실력을 인정해 준 동생과 우체부 룰랭이 있었기에 고흐에게 든든한 위로가 되었을 것이다. 하얀 별님과 인사하며 죽음을 표현한 내용은 마음이 아프면서도 작가의 상상력이 돋보인다.

『(작고 아름다운) 고흐의 미술수업』은 어린이부터 성인까지 가볍고 따뜻하고 읽을 수 있는 책이다. 휴대가 편한 책 크기와 무게, 자화상으로 눈길을 끄는 표지 그림, 고흐의 작품들을 서사로 만날 수 있어서 미술과 화가를 처음 접하는 아이들이 쉽게 읽을 수 있다. 그의 작품들을 단편적인 설명으로 봤을 때보다 훨씬 더 몰입되고 이해하기 쉬우며, 작품을 보면 반 고흐의 삶이 떠오르고, 서사를 읽으면 작품이 떠오르는 마법 같은 책이다. 미술사를 통해 예술가의 삶과 예술을 인문학적으로 이해하는 마중물 같은 책이다.

#빈센트 반 고흐 #화가 #미술

교육과정(독서활동) 연계

[4미03-02] 미술 작품의 특징과 작품에 관한 자신의 느낌과 생각을 설명할 수 있다.

[6미03-01] 미술 작품을 작품이 만들어진 시대적, 지역적 배경 등과 연결하여 이해할 수 있다.

[6미03-04] 다양한 방법을 활용하여 작품을 감상하며 작품에 관한 서로 다른 관점을 존중할 수 있다.

함께 볼 만한 콘텐츠

• [책] 『작고 아름다운 피카소의 미술수업』 김미진 글·그림. 열림원어린이. 2024.

• [책] 『작고 아름다운 르누아르의 미술수업』 김미진 글·그림. 열림원어린이. 2023.

• [유튜브] 〈빈센트 반 고흐 10분 요약정리〉(11:30).

예술로 체인지메이커가 될 수 있다고?

— 신윤해

"새로운 영웅 뱅크시 덕분에 번뜩이는 아이디어가 떠올랐어. 밤에 몰래 학교에 들어가서 로리 맥고리의 못된 짓을 고발하는 작품을 만드는 거였지."(56쪽)

'체인지메이커(Changemaker)'를 한글로 직역하면 '변화를 만드는 사람'을 의미한다. 체인지메이커 교육에서는 사회의 여러 문제를 그대로 수용하는 것이 아니라 스스로 새로운 해결 방법을 찾아가는 것을 중요하게 여기고, 예측하기 어렵게 빠르게 바뀌는 세상에서 아이들이 변화를 이끄는 사람으로 자라나는 것을 목표로 한다.

『예술로 세상을 구하라, 아트 어벤저』에는 예술이라는 소재로 자신을 둘러싼 문제들을 해결해 가는 이야기가 등장한다. 그렇다면 아이들이 어떻게 예술을 자신의 삶에 가져오고, 어떠한 선한 영향력과 변화를 이끌어낼 수 있을까?

주인공 트릭시는 평범한 열두 살 소녀이다. 예술이란 지루하고 따분한 것이라는 생각을 갖고 있었지만, 뱅크시를 알게 되며 생각이 바뀐다. 뱅크시는 자신의 정체를 숨긴 채 '그라피티'라는 거리예술을 통해 폭력과 권위, 차별에 저항의 메시지를 전달하는 예술가이다. 트릭시는 뱅크시의 이런 모습을 본받아 학교에서 약한 친구들을 괴롭히는 로리 맥고리의 못된 짓을 학교 벽에 그려 알리는 '아트 어벤저'가 되기로 마음먹는다.

트릭시는 뱅크시 이외에도 피카소, 앤디 워홀, 앤터니 곰리 등 유명한 예술가의 예술 기법을 적용하여 작품 활동을 이어가고 학교 주위에서 일어나는 여러 문제를 해결해나간다. 물론 예상과 다르게 일이 흘러가서 우여곡절을 겪기

예술로 세상을 구하라, 아트 어벤저
올라프 팔라펠 글·그림 | 김인경 옮김 | 책과콩나무 | 272쪽 | 2024 | 14,000원

도 하지만, 열두 살 아이가 불의를 참지 않고 예술로 사회문제를 해결해나간다는 설정이 정말 대견하면서도 흥미롭다.

더불어 영국의 어린이책 작가이자 일러스트레이터, 스탠드업 코미디언인 작가가 '예술은 재미있는 것'이라고 느끼도록 중간중간 웃음을 유발하는 요소를 곳곳에 배치하여 부담 없이 읽을 수 있다. 교과서 속 예술이 지루하게만 느껴진다면 자신의 삶을 바꾸는 방법으로 예술을 선택한 트릭시의 이야기를 만나보길 바란다. 우리 아이들이 자신을 둘러싼 세상에서 변화가 필요한 일에 따뜻한 관심을 갖고, 긍정적 변화를 위해 무엇이라도 실천할 수 있는 사람이 된다면 좋겠다. 작은 움직임이 변화를 불러일으키고 조금 더 나은 세상으로 바뀔 수 있지 않을까 기대해본다.

#예술가 #뱅크시 #그라피티

교육과정(독서활동) 연계

[4미03-02] 미술 작품의 특징과 작품에 관한 자신의 느낌과 생각을 설명할 수 있다.
[6미01-04] 이미지가 나타내는 의미를 비판적으로 이해하고 느낌과 생각을 전달하는 데 활용할 수 있다.

함께 볼 만한 콘텐츠

- [책] 『뱅크시』 프란체스코 마테우치 글. 마르코 마라지 그림. 이유출판. 2024.
- [책] 『키스 해링의 낙서장』 매슈 버제스 글. 조시 코크런 그림. 스푼북. 2020.
- [책] 『자유롭다면 그라피티작가』 최성욱 글. 토크쇼. 2018.

재미와 배움을 동시에! 일상 속 과학 탐험

— 최남희

과학은 우리가 사는 세상을 설명하는 학문이다. 우주, 날씨, 동물과 식물, 로봇 등 과학적 지식을 배우면서 주변에서 일어나는 일들을 더 잘 이해하고 활용할 수 있다. 과학을 배운다는 것은 미래의 다양한 직업과 기술에 대한 기초 지식을 쌓는다는 뜻이기도 하다. 아이들은 학교에서 교과서를 통해 과학을 본격적으로 만난다. 하지만 과학 교과서 속 낯설고 긴 용어와 눈에 보이지 않는 개념들은 학생들이 과학과 친해지기 어렵게 한다.

『교과서는 어렵지만 과학은 재밌어』는 현직 초등학교 교사가 쓴 책으로, 초등 교과단원과 연계된 물리·화학·생물·지구과학 네 영역으로 구성되어 있다. 영역별로 아이들이 일상생활에서 궁금해할 만한 질문 15가지에 대한 답을 과학적 원리를 통해 찾는다. 예를 들어 생물 영역의 "고양이나 개도 혈액형이 있을까요?"라는 질문에 대한 답은 "있다"이다. 개는 현재 발견된 혈액형만 하더라도 13가지가 넘는다. 고양이의 혈액형은 3가지이며 무려 90퍼센트가 같은 혈액형을 갖는다고 한다. 이밖에도 화학 영역의 "액체 괴물은 고체일까요, 액체일까요?"를 통해 물질의 성질에 대해 알게 되고, 물리 영역의 "나만 들을 수 있는 스피커가 있을까요?"라는 질문을 통해 소리의 성질에 대해 이해하게 된다. 책 속 질문들은 실생활과 밀접하게 관련되어 있어 학생들의 호기심과 흥미를 자극하여 과학에 더 쉽게 접근할 수 있도록 도와준다.

교과서 속 실험은 복잡하거나 실험 재료를 구하기 어려운 경우가 많다. 그러나 이 책 『교과서는 어렵지만 과학은 재밌어』는 질문마다 '더 알아보기' 코너를 마련해 직접 실험하거나 관찰하는 기회를 제공한다. 마음만 먹으면 손쉽게

교과서는 어렵지만 과학은 재밌어

김건구·황현아 글 | 시대인 | 185쪽 | 2024 | 15,000원

실험을 해볼 수 있도록 대부분 일상에서 쉽게 구할 수 있는 것들로 준비물이 구성되어 있으며 함께 제시되는 QR코드를 통해 실험을 영상으로 확인할 수도 있다. 실험을 직접 체험하고 눈으로 확인하는 재미있는 경험은 과학을 배우는 과정을 즐거운 탐험으로 만들 것이다.

형식적인 면에서 살펴보면 이 책은 하나의 질문당 '더 알아보기' 코너 포함 2~3쪽 정도로 구성되어 있다. 설명 부분이 2쪽에 걸쳐 있는 경우도 많지만, 제목, 사진이나 삽화를 제외한다면 실제로는 1쪽 분량이다. 분량이 부담스럽지 않은 만큼 군더더기 없이 핵심만 간결하고 쉽게 정리되어 있어 이해하기 쉽다. 또, 어린이들의 눈높이에 맞춰 입말로 이야기하듯 설명해 자칫 딱딱할 수 있는 과학을 친근하게 느끼게 한다.

이 책을 과학을 쉽고 재미있게 배우고 싶은 학생들에게 추천하고 싶다. 재미있고 이해하기 쉬운 과학책을 읽으면서 과학에 대한 흥미와 자신감을 키울 수 있다. 마지막 장을 덮을 때쯤에는 과학은 우리의 세상을 이해하고 더 풍요롭게 만드는 도구라는 것을 깨닫게 될 것이다.

#과학 #실험

AI와 공존하는 시대, 답보다 중요한 질문의 힘

― 최남희

『AI시대, 어린이를 위한 질문의 힘과 AI 리터러시』는 급변하는 디지털 환경에서 어린이들이 AI와 올바르게 상호작용할 수 있도록 돕는 책이다. 특히 챗GPT로 대표되는 생성형 AI에 대해 어린이들이 쉽게 이해할 수 있도록 동화 형식을 빌어 친근한 어조로 설명한다.

책은 총 4장으로 구성되어 있다. 첫 장에서는 생성형 AI가 무엇인지 알아본다. 생성형 AI는 사용자 요구에 따라 새로운 창작물을 탄생시키는 인공지능이다. '어떻게 이런 일이 가능할까?'라는 물음에 '기계학습'과 '딥 러닝' 기술을 소개하고 어린이 눈높이로 답한다.

두 번째 장은 생성형 AI가 인간과 어떻게 일하는지에 대해 말한다. 많은 사람이 AI에게 일자리를 빼앗길까 봐 두려워하고 있다. 그러나 저자는 시대와 상황에 따라 많은 직업이 나타났다 사라졌으며, 새로운 기술은 새로운 직업을 만들어 낼 것이라 한다. 이제는 AI와의 공존을 생각해야 하는 시대이다. 책은 AI를 효과적으로 활용하기 위한 역량으로 '질문하는 능력'을 강조한다. 질문은 AI와의 상호작용을 시작하는 중요한 첫걸음이며, 의미 있는 정보를 얻을 수 있도록 하는 도구이다. 생성형 AI에게 '좋은 질문'을 하는 방법 5가지도 소개한다.

세 번째 장은 생성형 AI가 제공하는 정보에 대해 경계심을 가져야 하는 이유를 담는다. 특히 틀린 정보를 사실인 척 말하는 할루시네이션(Hallucination) 현상과 AI기술을 활용해 만든 사진과 글로 꾸민 가짜 뉴스, AI의 알고리즘 기능으로 인해 발생하는 정보의 편향성 등을 문제로 지적한다. AI를 통해 생성되는 수많은 정보를 있는 그대로 수용하는 것은 매우 위험하다. 누구나 쉽게 결

AI시대, 어린이를 위한 질문의 힘과 AI 리터러시

정유리 글 | 박선하 그림 | 팜파스 | 129쪽 | 2023 | 13,000원

과물을 만들 수 있기 때문이다. 그렇기에 AI가 생산하는 정보와 문화를 종합적으로 이해하고 생각을 표현하는 'AI 리터러시' 능력을 갖추어야 한다. 어린이들이 'AI 리터러시'를 키우는 방법이 함께 소개되어 있어 도움이 된다.

마지막 장은 AI 시대를 살아갈 우리가 준비해야 할 것은 무엇인가에 대한 논의이다. AI 개발과 관련된 논란, 생성형 AI가 해결해야 할 문제들, 이를 보완하기 위한 노력에 대해 독자의 생각을 묻는다. 또, 새로운 기술을 받아들이고 시도해 보려는 열린 마음가짐이 미래를 기대하게 만들 것이라 당부한다.

AI가 일상생활에서 중요한 역할을 하는 지금, AI에게 질문을 던지고, 상호작용하며, 사고를 확장하는 과정에서 어린이들은 AI를 단순한 기술이 아니라 중요한 도구로 이해하게 될 것이다. 아직은 혼란스럽게 느껴지는 AI와의 공존. 그 속에서 어린이들이 어떤 마음으로 세상을 바라봐야 하는지에 대한 답을 이 책에서 찾을 수 있다.

#AI #생성형AI #질문 #AI리터러시

교육과정(독서활동) 연계

[6도02-01] 사이버 공간에서 발생하는 여러 문제에 대한 도덕적 민감성을 기르며, 사이버 공간에서 지켜야 할 예절과 법을 알고 습관화한다.

[6국02-03] 글을 읽고 글쓴이가 말하고자 하는 주장이나 주제를 파악한다.

함께 볼 만한 콘텐츠

• [그림책] 『포니』 김우영 글·그림. 팜파스. 2023.

• [책] 『대답 말고 질문』 로레나 에레라 글. 조셀린 페레즈 그림. 느림보. 2024.

• [유튜브] 국가과학기술연구회(nst) 〈인공지능(AI)의 원리에 대해 알아보자!(국가과학기술연구회(nst)〉(6:00) 2023.12.17.

또 다른 지구를 찾을 수 있을까

— 신윤해

"저희 행성의 노을 지역에서는 온종일 석양을 볼 수 있습니다. 우리 행성은 자전과 공전 주기가 같아 행성의 한쪽 면만 항성을 바라보고 있습니다. 항성을 바라보고 있는 쪽은 영원한 낮이, 반대쪽은 영원한 밤이 계속됩니다. 그리고 여러분이 계신 이곳은 낮과 밤의 경계 지역으로 노을의 구역입니다."(40쪽)

'지구 너머 다양한 행성에 살고 있는 외계인들이 자기네 행성으로 이주해오라고 러브콜을 보내는 일이 실제로 일어나면 어떨까?'

이 책에는 지구 아닌 다른 행성으로 이사 가기 위해 여러 행성을 방문해 보며 어떤 행성에 정착하여 살아갈 것인지 고민하는 이야기가 담겨 있다. 이야기가 시작된 배경에는 지구에서 생명체가 살 수 있는 시간이 무한하지 않을 수 있다는 전제가 있다.

실제로 미국의 우주회사 스페이스X는 인간이 살 수 있는 또 다른 행성을 찾고 정착지를 개발하기 위해 노력하고 있다. 지구온난화로 사계절 중 가을이 점차 사라지고 무더운 여름의 시간이 매년 늘어나는 것만 같은 요즘 '언제까지 지구에서 살 수 있을까?'라는 생각이 들기도 한다. 스페이스X 대표 일론 머스크는 인간의 거주지를 다행성으로 만드는 것은 지구에 재앙이 닥칠 경우를 대비한 필수 보험이 될 수 있다고 말했다. 그중에서도 지구에서 너무 가깝지도 멀지도 않고, 정착지 기능을 유지하는 데 필요한 원재료가 많이 있는 화성을 집중적으로 탐사하기 위해 우주선 시험 비행을 계속 진행하고 있다.

지금 당장 화성을 보았을 때는 인간이 살기에 부족한 환경임이 분명하지만,

우리 행성으로 이사 오세요

김은정 글 | 문보경 그림 | 청어람미디어 | 82쪽 | 2024 | 14,000원

행성 환경 전체를 인간이 살 수 있는 조건으로 바꾼다면(테라포밍한다면), 언젠가 화성에서 살아가는 날이 올지도 모른다. 그러나 깨끗한 물이 흐르고, 숨 쉴 수 있는 공기가 있고, 따뜻한 빛이 있는 푸른 행성 지구와 비슷한 조건을 갖추려면 많은 과학 기술의 발전이 필요하다. 무분별한 환경 파괴적인 행동들로 지구의 수명이 줄고 있다는 사실을 인지하고 환경 보전을 위해 힘써야 한다. 또 지금까지 기꺼이 삶의 터전을 내어주고 있는 푸른 별 지구의 소중함을 잊어서는 안 된다.

주인공 하늘이와 함께 행성투어를 떠나보며 소중한 지구의 고마움을 다시 한번 느끼며, 다양한 행성 중 살아보고 싶은 행성은 어떤 곳인지 고민해 볼 수 있는 상상의 시간이 될 것이다.

#행성 #테라포밍 #우주

교육과정(독서활동) 연계

[4과13-02] 태양계 구성원을 알고, 태양과 행성을 조사할 수 있다.

[6과16-01] 미래 사회에 일어날 수 있는 문제를 조사하고, 문제를 해결하는 데 과학이 기여할 수 있는 방법을 토의할 수 있다.

함께 볼 만한 콘텐츠

• [책]『나의 첫 번째 행성 이야기』브루스 베츠 글. 조이스 박 역. 미래주니어. 2021.

• [책]『테라포밍 두 번째 지구 만들기』박열음 글. 박우희 그림. 길벗어린이. 2021.

• [영화] 〈마션The Martian〉(144분). 리들리 스콧. 2015.

내가 먹은 것들이 내가 된다

— 임정연

먹방 유튜브 섬네일 같은 표지가 눈길을 사로잡는다. 떡볶이, 치킨, 피자, 햄버거, 탕후루 등 각종 맛있는 음식 앞에서 행복해하는 캐릭터가 내 모습 같아 친숙하다. 쩝쩝박사(음식에 대해 잘 아는 사람)의 맛집 소개라든지, 요즘 유행하는 요아정 꿀조합 레시피가 나오지 않을까, 이런 마음으로 책장을 넘긴 사람이라면 반전이 기다린다.

이 책은 중·고등학교 선생님이 학생들을 건강한 식생활로 인도하기 위해 만든 안내서이다. 총 3장으로 구성되며 귀여운 네컷 만화와 함께 '나, 이웃, 미래를 위한 식생활'에 대해 소개한다. 특별한 점은 수업 시간에 학생들이 참여할 수 있는 다양한 글쓰기 활동이 첨부되어 있다는 것이다. 자가 체크리스트를 통해 자신의 식생활을 되짚어보고 어떤 태도가 바람직한지 스스로 답을 찾도록 유도한다. 식생활 교육에 관심 있는 교사라면 이 부분을 참고하면 좋다.

1장 「식생활과 나」에서는 잘못된 식생활, 건강을 해치는 음식의 종류를 다양하게 다루며 왜 건강에 해가 되는지를 과학적으로 설명해준다. 매운 음식, 먹방, 패스트푸드, 고카페인 음료, 배달 음식, 식품 알레르기 등 몸에 나쁘다는 것을 알면서도 끊지 못했던 음식들이다. 스트레스와 정서적 허기를 해소하기 위해 먹는 음식들은 근본적으로 삶을 변화시킬 수 없고, 우리 몸에 좋은 영양소를 가져다주지 못한다. '음식을 먹는 행위는 현실을 살아가는 나를 위해 에너지를 공급하기 위함'이라는 설명이 와 닿았다.

2장 「식생활과 이웃」에서는 우리가 음식 사진을 찍는 이유, 유전자 조작 음식과 푸드 마일리지, 대량생산식품, 음식물쓰레기, 혼밥, 팜유와 환경오염 등

청소년을 위한 개념 있는 식생활

배혜림·이윤정 글 | 김집순 그림 | 뜨인돌 | 208쪽 | 2024 | 13,500원

음식과 관련된 사회적 현상에 대해 다룬다. 음식이 만들어지는 과정에 숨어있는 시장논리와, 그렇게 만들어진 음식이 나와 이웃에게 어떠한 영향을 미치는지 알 수 있다. 앞장에서 나의 건강을 생각하며 음식을 소비했다면, 이 장에선 이웃사회에 미치는 영향력을 중심으로 음식을 소비할 수 있도록 안내한다.

3장 「식생활과 미래」에서는 지속가능한 미래를 위해 개발되고 있는 여러 기술과 환경 이야기를 다룬다. 기후위기 문제의 대안으로 떠오르는 3D 푸드 프린터의 대중화, 식량주권을 지키는 방안 등 멀지 않은 미래를 준비하기 위해 필요한 내용이 소개된다.

좋은 책을 보면 지식이 쌓이고, 좋은 음악을 들으면 마음의 양식이 쌓이듯, 좋은 음식을 먹으면 건강한 에너지가 쌓인다. 이 책에 소개된 개념 있는 식생활을 실천하며 건강한 나를 만들어가 보자. 내가 먹은 것들이 모여 내가 된다.

#식생활 #식습관 #건강식 #SDGs

교육과정(독서활동) 연계

[6실02-04] 식재료 생산과 선택의 중요성을 인식하고 여러 식재료의 고유하고 다양한 맛을 경험하여 자신의 식사에 적용한다.

[6실02-11] 생태 지향적 삶을 위해 자신의 의식주 생활에서 할 수 있는 구체적인 행동을 계획하여 실천한다.

함께 볼 만한 콘텐츠

- [책] 『어린이를 위한 채소 과일식』 조승우 글. 오승만 그림. 한경키즈. 2024.
- [책] 『할아버지는 편식쟁이』 강경수 글. 위즈덤하우스. 2021.
- [영화] 〈슈퍼 사이즈 미〉(100분). 모건 스펄록. 2004.

역사의 바람을 건너는 사람들

— 서미경

　우리가 역사를 공부하는 이유는 단순히 역사적 사실을 아는 것 뿐 아니라 역사 속 인간의 삶을 이해하고 이를 바탕으로 현재의 삶을 성찰하기 위함이기 때문이다. 역사적 사건을 파악하기 위해 과거부터 축적된 자료를 바탕으로 해석하다 보면 딱딱한 문장 속에서 그 시대의 삶이 나에게로 온전히 다가오지 않는다. 그럴 때 역사 속 인물의 입을 통해 생생하게 전해 듣는다면 그 감정과 이야기를 온전히 느낄 수 있지 않을까? 내가 그 시대의 인물이 되었다고 상상해 보는 것. 그 역할을 톡톡히 해낸 청소년 역사소설 『덕률풍』은 그래서 특별하다.

　소설의 배경인 대한제국 광무6년(1902)은 극심한 혼란을 겪으며 사회적, 경제적, 정치적 변화가 교차하던 시대이다. 덕률풍(德律風)은 덕을 펼치는 바람이라는 뜻으로 조선 최초 전화기의 이름이다. 당시 고종 황제는 근대화 정책인 광무개혁의 하나로 서구 문물을 도입하려고 노력했고, 전화기는 근대화의 상징과도 같은 것이었다.

　주인공 강식은 열여섯 살로, 통신 분야 전문 인력을 양성하는 전무학당에서 공부하고 있다. 아버지는 땔감 파는 일을 하다가 조선 거리에 전신대가 세워지는 것을 보고 전나무를 심어 전신대 용으로 팔아 가족을 부양하고 있다. 강식이는 그런 아버지가 자랑스럽다. 그러던 어느 날 아버지가 영문도 모른 채 일본 경찰에게 끌려갔다. 아버지의 누명을 벗기기 위해 고군분투하는 주인공 강식의 가슴 뜨거운 이야기가 펼쳐진다.

　저자 이승민은 조선 통신에 관련된 다양한 문헌과 자료를 참고해 소설의 현실감을 높였다. 이 작품은 주인공 강식뿐만 아니라 조선 근대 역사의 소용돌

덕률풍

이승민 글 | 미래인 | 184쪽 | 2023 | 13,500원

이를 온몸으로 맞으며 변화를 겪어내는 다양한 인물을 등장시켜 독자를 역사의 한가운데로 초대한다. 통신원의 등장으로 이제는 낡은 기술이 되어버린 봉수대를 바라보는 염소수염 아저씨의 대사는 이를 상징적으로 보여준다.

> "우린 말이야, 봉수대가 폐지될 때까지 하루도 빠짐없이 봉수대를 지켰단다. 사람들이 사명감 어쩌고 하는데 우린 그런 거 모른다고 했다. 그냥 끝까지 지켜내고 싶은 마음뿐이었어."(85쪽)

독자는 역사 속 가상 인물을 통해 그들의 시간을 나눠 갖는다. 역사적 맥락의 생생한 체험을 통해, 빠르게 변화하는 지금을 사는 우리가 어떤 태도를 보여야 할지 고민하게 된다.

『덕률풍』을 읽고 난 후, 객관적인 사료와 소설을 비교해 본다면 역사 공부에 도움이 될 것이다. 조선을 배경으로 한 역사소설이라 낯선 용어들이 자주 등장하지만, 해설을 실어 놓아 중학생은 누구나 이해하기 쉽다. 특히 역사를 따분하다고 느끼는 학생에게 추천한다. #대한제국 #덕률풍 #변화 #전환기

교육과정(독서활동) 연계

[9국05-03] 인간의 성장을 다룬 작품을 읽으며 문학의 가치를 내면화한다.

[9역13-01] 개항 이후 근대 국가를 건설하기 위한 노력을 파악한다.

[10한사-03-03] 개항 이후 사회·경제 변화를 파악하고 서구 문물의 도입이 문화에 미친 영향을 탐구한다.

함께 볼 만한 콘텐츠

- [책]『개항으로 세계를 만난 조선 사람들의 근대 생활 탐구』 권나리 외 8명 글. 푸른숲주니어. 2024.
- [책]『왕과 사자』 김주현 글. 이로우 그림. 만만한책방. 2023.
- [책]『언니가 들려주는 한국사 이야기』 최은서 외 글. 도서출판기역. 2024.
- [유튜브] KBS다큐 〈생활의 발견-우리나라 최초의 전화통화는 누가 했을까)〉(4:02). 2017.10.24.

안나의 목소리가 더 크게 들리도록

— 김담희

2020년에 출간된 『너, 그 사진 봤어?』의 개정증보판인 이 소설은 주인공 안나가 그날의 '소문'을 겪은 옛날 집으로부터 330킬로미터나 떨어진 새집으로 이사하는 장면으로 시작된다. 디지털 성폭력 피해가 소문으로 둔갑하는 과정에서 소문은 멈추지 않고 자동차가 달리는 속도보다 빠르게 이동하여 시도 때도 없이 안나를 괴롭힌다.

소설은 오늘과 그날이 반복되어 전개되며 사이사이에 안나의 꿈 이야기가 등장한다. 꿈속에서 안나는 초록빛과 푸른빛이 감도는 넓은 바다를 자유롭게 누비는 인어가 되기도 하고, 도쿄의 한 거리에 서 있는 낯선 여행객이 되기도 한다. 또 어떤 날에는 그날의 기억 앞에서 두려움에 떨기도 한다. 안나는 꿈속에서 그 무엇이 될 수 있다가도 금방 또다시 지독한 현실로 소환된다. 안나가 겪는 혼란과 고통의 시간을 독자로 하여금 온전히 느끼게 한다. 피해자의 시간은 더디게 흐른다. 한발짝 앞으로 나아갔다가도 금방 처음으로 되돌아가는 기분을 겪는다.

소설은 안나의 내면에 집중하여 디지털 성범죄 피해자가 일상으로 돌아오는 과정에서 겪는 불안과 두려움, 주변의 지지자에게 느끼는 죄책감과 고마움, 그 모든 과정에서 겪는 슬픔과 혼란스러움을 세세히 다룬다. 독자는 섬세한 감정 묘사를 읽으며 신문 기사의 피해 수치만으로는 상상할 수 없는 구체적인 얼굴을 떠올릴 수 있게 된다.

디지털 성범죄의 가해자·피해자의 대다수가 10대라는 뉴스가 연일 보도되면서 학교 현장은 디지털 성범죄 예방을 위한 각종 교육 자료들이 배부되고

안나의 목소리

시그리드 아그네테 한센 글 | 황덕령 옮김 | 찰리북 | 168쪽 | 2024 | 14,000원

있다. 디지털 성범죄의 개념과 유형, 예방법과 대응 요령, 상담 기관 등의 정보를 안내하는 일 역시 중요하다. 그러나 (그뿐만 아니라 or 이에 더불어) 이제 우리는 디지털 성범죄에 노출될 위험이 높은 환경에 놓인 학생들과 더욱 폭넓은 이야기를 나누어야 할 때이다. 디지털 성범죄가 발생하는 사회적 구조는 무엇인지, 왜 성범죄 피해자의 대다수는 여성인지, 디지털 성범죄 피해 당사자가 일상을 회복하기 위해 주변인으로서 해야 할 역할은 무엇인지 등의 질문을 던져야 한다.

이 책은 질문을 나누기 위한 좋은 안내서이다. 소설 속 사진을 불법 유포한 가해자가 제대로 된 처벌을 받지 않는 지점과 더불어, 주변 인물들의 2차 가해와 안나를 제대로 보호하지 못하는 학교와 어른들의 무책임함은 우리 사회의 일면과 어떻게 닮아있는지, 안나가 자신의 아픔을 마주하고 용기 내어 진실을 말하는 목소리를 내는 과정에 있어 응원과 지지를 보내는 인물들을 보며 우리는 어떤 태도를 가질 수 있는지 등의 다양한 이야기를 나눌 수 있게 될 것이다.

#디지털성범죄 #디지털성폭력 #온라인그루밍

교육과정(독서활동) 연계
[9국05-09] 문학을 통해 타자를 이해하고 공동체의 문제에 참여하는 태도를 지닌다.
[9국06-04] 매체 소통에서의 권리와 책임을 이해하고, 수용자의 반응을 고려하며 매체 자료의 제작 과정을 성찰한다.
[9보03-04] 성폭력·성매개감염병 등 성 건강 위험요소를 미디어 문해력 및 성문화와 관련지어 탐색하고 건강하게 관리·옹호한다.

함께 볼 만한 콘텐츠
- [책] 『우리가 우리를 우리라고 부를 때: N번방 추적기와 우리의 이야기』 추적단 불꽃 글. 이봄. 2020.
- [책] 『알고 대처하는 디지털 성범죄』 원은정 글. 착한책가게. 2022.
- [영상] JTBC 차이나는 클라스 161회. 〈n번방을 키운 사회, 끝내는 핵심 포인트〉. 2020.6.16.

존재감 없는 이들을 위한 위로의 메세지

— 허민영

  눈에 띄지 않는 사람들이 있다. 이들은 마치 같은 공간에 있었는지도 모르게 조용히 존재한다. 대학교 1학년 때 '존재감이 없다'는 말을 듣고 충격을 받은 작가는 존재감에 대해 깊이 고민하기 시작했다. 그 과정에서 누구나 특정 상황에서 존재감이 흐려질 수 있으며, 이때 중요한 것은 자존감이라는 깨달음을 얻는다. 소설 제목인 '비스킷'은 존재감이 희미해지고 주변에서 소외되는 사람들을 뜻하는 용어로, 작은 충격에도 쉽게 부서지는 구운 과자에서 영감을 얻었다. 소설『비스킷』은 바로 그런 사람들에 관한 이야기이다.

  화자인 제성은 청각 과민증을 겪고 있다. 세상의 소음이 유난히 크게 들리는 그는 자신을 보호하기 위해 외출 전 이어폰을 꽂고 세상을 의도적으로 차단한다. 책 표지에 등장하는 커널형 유선 이어폰을 착용한 소년이 바로 제성이다. 그러나 질환으로 여겨지는 청각 과민증이 특별한 능력으로 바뀌는 순간이 있다. 그것은 '비스킷'의 존재를 알아차릴 때이다. 제성과 효진이의 인연도 그렇게 시작된다. 제성은 어느 날, 비스킷 상태에서 개에게 위협을 받고 있는 효진이를 발견하게 된다. 그 순간, 제성은 개를 발로 걷어차고 효진이의 손을 잡으며, 그녀를 위험에서 구해낸다. 이 사건이 계기가 되어 두 사람은 친구가 된다.

  제성이가 손을 내민 비스킷들은 높은 확률로 '우리 팀'이 된다. 이는 해적왕이 되기 위해 동료들을 모아 항해하는 원피스의 구조와도 닮아 있다. 루피에게 몸이 늘어나는 초능력이 있다면, 제성에게는 보이지 않는 소리를 포착하는 특별한 청력이 있다. 하지만 청력 뒤에 숨겨진 제성이의 진짜 능력은 타인을 향한 따뜻한 관심과 관계 형성을 위한 용기이다. 소리를 듣는 것에서 그치지

비스킷

김선미 글 | 위즈덤하우스 | 228쪽 | 2023 | 14,800원

않고, 마음을 기울여 비스킷에게 손을 내미는 것, 그것이야말로 제성의 가장 강력한 힘이다.

소설 속 '우리 팀'이 비스킷에게 건네는 메시지인 "넌 소중한 사람이야. 아기 냄새가 좋은 걸 보면 목소리도 예쁠 거야"와 같은 다정한 말들은 위로가 되지만, 다소 아쉬움도 남는다. 심리학자 크리스틴 네프(Kristin Neff)는 자존감(Self-esteem) 교육은 자신을 특별하게 바라보도록 유도하지만, 이는 '내가 특별하지 않다'는 현실을 마주했을 때 쉽게 무너질 수 있다는 문제를 제기했다. 보잘것없는 나의 존재가 무너질 위기에 처했을 때 필요한 건 나의 특별함이 아닌, '너도 부족하고 나도 부족하다'는 공감 속에서 나온다. 소설에서 평범한 나를 따뜻하게 품어주는 요소를 더욱 많이 담았다면, 강한 회복탄력성을 기르는 데 큰 도움이 되었을 것이다.

결국 '우리 팀'이 비스킷에게 내미는 손은 그들 곁에서 함께 살아가고자 하는 의지다. 『비스킷』은 존재감을 잃어버린 이들을 향해 "괜찮아. 괜찮아"라고 말하며, 우리 모두가 그 자체로 소중한 존재임을 일깨워 준다.

#존재감 #관계형성 #용기

교육과정(독서활동) 연계

[9국05-02] 갈등의 진행과 해결 과정을 파악하며 작품을 감상한다.

[9국05-03] 인간의 성장을 다룬 작품을 읽으며 문학의 가치를 내면화한다.

[9국05-05] 작품에 반영된 사회·문화적 상황을 이해하며 작품을 감상한다.

함께 볼 만한 콘텐츠

- [책] 『행운이 너에게 다가오는 중』 이꽃님 글. 문학동네. 2020.
- [책] 『천 개의 파랑』 천선란 글. 허블. 2020.
- [영상] 김주환의 내면소통. 〈연민-친절하고 따뜻해야 마음근력이 강해진다〉(1:48:25). 2023.1.15.

누구나 날씨부터 동그라미 치고 일기를 시작했던 시절이 있다

— 허민영

대부분의 어른은 십대를 지나면서 마치 그 시절이 없었던 것처럼 사고하지만, 작가는 달랐다. 『날씨부터 동그라미』는 십대의 내면을 누구보다 깊이 이해하고 섬세하게 그려낸 짧고도 강력한 작품이다.

이 책은 주인공 한동미의 전학과 함께 시작된다. 부모와 선생님은 동미가 새로운 학교에 금방 적응할 것이라 말하지만 동미에게 전학은 세상이 무너지는 경험에 가깝다. 이때 기상청의 온도와 강수확률 같은 '보편우주'는 밝고 맑지만 동미의 '개별우주'는 굉음과 함께 초토화된다. 일기장은 동미의 내면을 비추는 유일한 창구이며, 작가는 이를 통해 개별우주라는 개념을 제시한다. 개별우주란 타인이 해독할 수 없는, 오직 나만의 고유한 공간으로, 작가는 이 우주를 키워가는 과정을 곧 성장이라고 설명한다.

작가는 기찬영이라는 인물을 통해 성장할 수 있는 방법을 제시한다. 기찬영은 동미가 열 살 가을에 접어들면서 일기에 고정으로 등장한다. 이유를 알 수 없지만 동미의 개별우주에서는 찬영의 눈알 구르는 소리가 울리고, 찬영의 개별 우주에서는 동미의 발 소리가 진동한다. 동미가 전학가던 날 찬영은 동미에게 한걸음에 달려와 '네가 전학 간다는 소식을 듣자마자 비가 퍼부었다'고 말한다. 이때 동미는 찬영의 개별우주가 자신의 것과 연결되어 있음을 느낀다. 이들은 각자의 우주에서 서로를 느끼며 소통하고 있었던 것이다. 이는 개별우주를 확장하는 개념으로 동미의 성장을 의미한다.

『날씨부터 동그라미』는 단순히 어린이·청소년기의 혼란을 그리는 데 그치지 않고, 타인을 향한 관심의 중요성도 강조한다. 결국 개별우주의 만남은 서로

날씨부터 동그라미

최영희 글 | 낮은산 | 80쪽 | 2023 | 10,000원

를 향한 관심에서 시작된다. 나의 개별우주를 온전히 돌보고 타인의 개별우주를 살피려는 마음이야말로 독자가 책을 통해 느껴야 할 부분이다. 또한, 이 책은 어른들에게도 중요한 질문을 던진다.

"우리는 아이들의 개별우주를 얼마나 진지하게 들여다보려 노력하는가?"

어려운 고민처럼 보일 수 있지만, 날씨부터 동그라미를 치고 일기를 시작했던 시절을 떠올리면 답은 자연스레 나올 것이다. 진정한 소통은 그 시절 우리의 개별우주를 다시 마주하는 데서 시작될 것이다.

#개별우주 #어린이 #일기

중학교 문학

내가 왜 빌런이야?

— 배고은

    빌런(Villain)은 악당이나 악역을 뜻하는 영단어다. 책이나 영화에서 주인공과 대립하는 캐릭터, 즉 부정적인 행동을 하거나 주인공을 괴롭히는 인물을 가리킬 때 주로 사용되는 용어다. 이러한 빌런을 주인공의 힘과 지혜로 물리칠 때 이야기가 더 재미있어진다. 빌런은 우리가 잘 아는 고전 속에서도 등장한다. 『잭과 콩나무』에서는 거인, 『사람이 된 쥐』에서 쥐, 『헨젤과 그레텔』에서 마녀, 『흥부와 놀부』에서 놀부가 빌런이다. 혹시 우리가 잘 아는 고전을 빌런의 시점으로 읽어보면 어떨까. 우리가 모르는 그들의 속사정이 있었다면 어땠을까?

    4편의 고전 작품 『잭과 콩나무』, 『사람이 된 쥐』, 『헨젤과 그레텔』, 『흥부와 놀부』를 4명의 작가가 빌런의 입장에서 재해석하여 단편소설로 풀어낸 책이다. 그중 제일 인상 깊었던 단편소설은 「이 세계에서 거인으로 다시 태어난 일에 대하여」다. 『잭과 콩나무』를 재해석한 단편소설 '이 세계에서 거인으로 다시 태어난 일에 대하여'에서는 철저하게 거인의 시점에서 고전을 재창작하였다. 거인의 입장에서 보면 거인은 무척 억울한 인물이다. 잭이 자신이 사는 곳에 무단 침입하고 황금알을 낳는 거위, 금화가 잔뜩 든 주머니, 노래하는 하프를 가져갔기 때문에 화가 나는 것이다. 오히려 잭이 거인 입장에서는 빌런이다. 만약에 거인이 알고 보니 착한 심성을 가지고 있었던 것이라면, 거인이 침입자인 잭과 우정까지 나누게 된다면, 이야기가 어떻게 되었을지 상상하는 재미가 있는 단편소설이다.

    빌런이 등장하는 작품에는 빌런이 여러 이유로 주인공을 괴롭힌다. 그리고

빌런의 속사정

전건우·배명은·정명섭·박영순 글 | 박영순 그림 | 초록비책공방 | 216쪽 | 2024 | 15,000원

그것은 이야기를 흥미진진하게 만드는 장치가 된다. 그래서 독자는 모두 주인공 편을 들게 되고 응원하게 된다. 여기서 작가가 의도한 대로 작품을 해석하는 것이 아니라 독자 입장에서 다시 한번 모든 상황을 종합해 등장인물을 새롭게 바라본다면, 그리고 빌런이 왜 나쁜 짓을 저지르게 되는지 고민해 본다면, 작품이 또 다른 매력으로 다가올 수 있다. 모든 사람은 각자의 사정이 있다.

책『빌런의 속사정』은 나만의 시각이 아닌, 다른 사람의 입장에서도 한 번쯤 생각해 볼 수 있는 계기를 마련해준다. 그래도 빌런에게 서사를 부여한다는 지적이 있을 수 있다. 악인(惡人)을 미화하여 선인(善人)으로 보이게 한다는 지적도 피할 수 없다. 그래도 다양한 시점에서 사람을 바라보고 이해하고자 하는 자세는 필요하다. 한정된 시각을 가지고, 편협한 사고를 하게 되면 다른 사람의 의견이나 가치를 받아들이기 어렵다. 책을 통해 사람에 대한 이해 폭을 넓히고 싶은 학생들에게 이 책을 추천한다.

#빌런 #잭과 콩나무 #사람이 된 쥐 #헨젤과 그레텔 #흥부와 놀부

교육과정(독서활동) 연계

[9국01-04] 상대의 말을 경청하고 상대의 감정과 입장에 공감하는 반응을 보이며 대화한다.
[9국01-09] 서로의 감정이나 바라는 바를 진솔하게 표현하면서 갈등을 조정한다.

함께 볼 만한 콘텐츠

- [책]『마이너리티 클럽』남유하, 김효찬, 정명섭, 전건우 글. 김효찬 그림. 초록비책공방. 2021.
- [책]『이런 신발』전건우, 남유하, 정명섭, 김효찬 글. 김효찬 그림. 초록비책 공방. 2022.
- [책]『나는 복어』문경민 글. 문학동네. 2024.

되풀이되는 재난을 멈추기 위해 우리가 해야 할 일

— 김담희

학교 도서관에서 세월호 추모 도서 전시를 하고 관련 프로그램을 운영하며 학생들에게 참여를 독려하는 중 한 학생이 물었다. "선생님, 왜 우리가 세월호를 기억해야 해요?" 순간 말문이 막혔다. 어디서부터 이야기를 시작해야 할지 막막했기 때문이다. 이 책은 그 질문에 학생들과 함께 이야기 나누기에 적확한 책이다.

'기억하는 사람과 책임감 있는 사회에 관하여'라는 부제를 달고 있는 이 책은 세월호 참사를 시작으로, 아르메니아 대학살과 홀로코스트, 광주5·18민주화운동, 제주4·3사건, 힐즈버러 참사와 이태원참사, 러브 운하 재난과 가습기 살균제 참사, 허리케인 카트리나와 아이티 지진으로부터 촉발된 사회적 재난, 체르노빌 재난 등 전 세계의 수많은 재난을 소개한다.

책은 각각의 재난을 소개하는 데서 그치지 않고, 재난의 발생 전후 사정을 샅샅이 살피며 잠정 국면, 전조 국면, 사태 발생 국면으로 이어지는 재난이 반복되는 구조를 짚어낸다. 뿐만 아니라 재난 발생 이후 이를 은폐하고 억압하려는 반격과 이에 맞서 끝까지 기억하는 사례들을 구체적으로 소개하고 있다. 세계 여러 곳에서 일어난 재난과 한국을 연결하여 전 지구적 맥락에서 재난을 이해하고, 다른 사회가 재난을 대하는 방식을 함께 언급하여 독자로 하여금 재난에 관한 보다 깊고 넓은 시각을 갖게 한다.

"사람이 인격을 갖추며 성숙하듯, 사람이 모여 사는 세상도 성숙을 통해 더 나아져야 합니다. 밝은 면만 본다고 세상이 저절로 좋아지지는 않습니다. 우리가 살고 있는 세계가 좀 더 좋아지기를 바란다면 어두운 면이 줄어들어야 합니다. 어두운 면을 줄일 수 있는 방법을 찾아내고자

왜 우리는 쉽게 잊고 비슷한 일은 반복될까요?: 기억하는 사람과 책임감 있는 사회에 관하여
노명우 글 | 우리학교 | 220쪽 | 2024 | 15,800원

한다면 무엇보다 어둠을 제대로 알아야 합니다.”(27쪽)

국가 폭력, 제노사이드, 산업 재해 등 사회의 어두운 면을 똑바로 직시하고, 끈질기게 기억하는 일은 누구에게나 괴롭고 힘든 일이다. 그럼에도 불구하고 재난과 참사를 깊이 기억해야 하는 이유를 저자는 질문을 통해 설득력 있게 전달한다. 참사 후 반복하는 ‘잊지 않겠습니다’라는 말이 공허해지지 않기 위해 우리는 무엇을 해야 할까? 잊지 않고 기억하는 일이 재난을 멈추게 할 수 있을까? 우리는 안녕한 사회를 만들기 위해 재난으로부터 무엇을 배워야 할까? 책이 던지는 수많은 질문을 되짚어보며 독자는 ‘왜’라는 물음 끝에 저마다의 답을 얻게 될 것이다. 무엇보다 그 질문과 답을 함께 나누는 과정은 곧 참사의 유가족 그리고 생존자에게 보내는 사회적 지지가 될 것이다.

\#재난 #사회적참사 #애도 #기억

교육과정(독서활동) 연계

[9사(일사)08-03] 시장경제에서 기업의 역할과 사회적 책임을 설명하고, 우리 사회에 필요한 기업가 정신에 대해 토의한다.

[9도03-04] 정의로운 사회를 상상해보고, 이를 실현할 수 있는 정의의 원칙과 제도에 대한 다양한 의견들을 민주적인 방식으로 종합할 수 있다.

[9도04-02] 자연에 대한 동양과 서양의 주요 입장들을 토대로 인간과 자연의 바람직한 관계를 도출하고, 환경 위기에 대한 윤리적 책임을 구체화하여 실천할 수 있다.

[12기지02-01] 세계 여러 지역에서 발생하고 있는 기후재난의 실제를 파악하고, 이를 둘러싼 쟁점을 다양한 자료를 통하여 분석한다.

함께 볼 만한 콘텐츠

- [책] 『우연한 빵집』 김혜연 글. 비룡소. 2018.
- [책] 『미래의 피해자들은 이겼다: 한국 사회는 이 비극을 어떻게 기억할 것인가』 김승섭 글. 난다. 2022.
- [영상] KBS 다큐 인사이트 〈생존자들, 보이지 않는 상처 PTSD〉 시리즈(총 19화). 2024.8.6.

특권과 차별이 함께 살아가는 세상

— 이슬기

비장애인보다 장애인이 더 많은 세상이라면? 소수자로 살아가고 있는 비장애인의 하루를 상상해 보자.

드디어 간절히 입사를 꿈꾸던 회사로부터 면접을 보러 오라는 연락을 받았다. 늦지 않기 위해 급히 지하철에 올랐는데 아뿔싸! 장애인 칸에 타고 말았다. 비장애인 칸은 이 지하철에 하나뿐인데 거기까지 가려면 눈앞에 보이는 수많은 휠체어를 지나가야 한다. 이미 내 발이 바퀴에 닿을까 염려하는 시선과 통행을 방해하는 걸림돌로 보는 따가운 눈빛을 고루 받고 있는데 감히 칸을 옮기기 위한 시도는 상상하기도 어렵다. 숨도 쉬지 않고 가만히 서 있기로 한다. 어렵게 회사에 도착해서 떨리는 마음으로 들어간 면접장. 역시나 분위기가 이상하다. 비장애인이라는 이유만으로 편견 가득한 시선으로 날 바라보는 게 느껴진다. 내가 쓸 의자를 놓게 되면 휠체어를 타고 있는 동료들에게 민폐가 될 것 같다나? 이번에도 어렵겠다고 생각하며 집에 돌아가는 길 비장애인의 지하철 환승로는 또 왜 그렇게 복잡한지. 오늘도 역시나 쉽지 않은 하루다.

이 이야기는 『장애인이 더 많은 세상이라면』 중 일부를 참고하여 각색한 것이다. 이 책은 "만약 ~라면"이라는 가정 아래 세상을 거꾸로 바라보고 비로소 올바른 사회를 만들고자 하는 '라면 청소년 교양 시리즈(시즌2)'의 첫 작품이다. 책 곳곳에는 장애인이 더 많은 세상에서 생길 수 있는 에피소드가 담겨 있다. 사실 누군가의 터무니없는 상상처럼 보일 수 있는 이야기는 이미 누군가가 일상에서 겪고 있는 일들이기도 하다. 관점 하나만 바꾸면 된다. '비장애인'을 '장애인'으로.

이 책이 더 특별한 이유는 윤영과 준우의 이야기를 함께 들을 수 있다는 점

장애인이 더 많은 세상이라면
박윤영·채준우 글 | 뜨인돌 | 272쪽 | 2023 | 15,000원

이다. 윤영은 장애인으로서 겪고 있는 차별과 편견의 순간을 담담하게 써 내려간다. 그 옆에서 준우는 윤영과 연인이 된 후 겪은 일들에 대해, 비장애인으로서 너무나 당연하게 누려와서 한 번도 특별하다고 생각해보지 못했던 특권에 관해 이야기한다.

두 저자의 이야기를 따라가다 보면 어느새 독자는 상대방을 배려하는 마음이었다고 굳게 믿고 있던 일들이 사실은 온전히 나의 관점에서 판단하고 행동했던 것임을 깨닫게 된다. 파스타집 앞 낮은 계단 때문에 들어가지 못하고 발길을 돌리는 누군가의 일상이, 택시를 타기 위해 한 달 전부터 예약 준비를 한다는 이야기가 생소한 독자라면 인정할 수밖에 없을 것이다. 일상 자체가 특권이었던 비장애인의 세상과, 차별과 편견으로 가득 찬 사회에 살고 있던 장애인의 세상이 다른 세상이었음을. 우리가 놓치고 살아온 것이 무엇인지, 진정한 평등이 무엇인지 찾고 싶은 모든 사람에게 이 책을 추천한다. 그리고 소수와 다수가 구분되는 세상이 아닌, 함께 많은 것을 나누고 누리며 살아가는 세상을 맞이할 수 있기를 바란다. #인권 #장애인 #평등 #존엄성

교육과정(독서활동) 연계

[9도03-01] 인권을 존중해야 하는 도덕적 이유를 정당화하고, 인권 침해 사례에 대한 탐구를 통해 그 원인과 해결 방안을 도출함으로써 인권 감수성을 기른다.

[9사(일사)01-03] 우리 사회에 나타나는 다양한 갈등과 차별의 사례를 조사하고, 이에 대처하는 시민의 자질에 대해 토의한다.

함께 볼 만한 콘텐츠

• [책] 『장애인이랑 친구가 될 수 있을까?』 권용덕 글. 다른. 2024.
• [유튜브] EBS 다큐프라임 〈'부모와 다른 아이들' 장애를 극복하지는 않았습니다만 2〉(13:35). 2019.9.10.
• [유튜브] 하이머스타드 〈비장애인과 다운증후군 아이가 친구가 되는 5가지 놀이〉(6:51). 2020.5.9.
• [영화] 〈뒤집힌 세계Downside Up〉(15분). 피터 게스퀴에르. 2016.

당신에게 보내는 과학 재판 초대장

— 서미경

현대 과학기술의 발전 속도는 가히 놀랍다. 인공지능(AI), 유전자 편집 기술, 자율 주행 자동차 등 세상은 눈 깜짝할 사이에 어제의 기준을 오늘의 낡은 것으로 만들고 있다. 이러한 기술들은 우리의 일상과 사회를 깊이 변화시키고 있다. 그중 하나의 사례로, 딥페이크 기술을 악용한 사건이 사회에 충격을 안겼다. 피해가 심각해진 이후에야 불법 영상을 제작한 사람뿐만 아니라 영상을 소지하거나 구입, 시청한 행위에 대해 처벌이 강화되었다. 이처럼 기술은 빠르게 발전하지만, 법은 그 속도를 따라가지 못하는 모습을 종종 발견한다.

『과학 재판을 시작합니다』는 법과 과학기술의 충돌을 소재로, 빠르게 변화하는 과학기술로 인해 기존의 법과 재판 제도로 해결하기 어려운 사건들을 다룬다. 책을 읽는 청소년들은 20명의 국민 배심원 중 한 사람이 되어 실제 재판 과정에 참여하는 듯한 경험을 하게 된다.

"지금부터 재판을 시작하겠습니다. 모두 자리에 앉아 주십시오!"(45쪽)

인공지능 법정 도우미 난달의 안내로 독자들은 과학 재판에 몰입하게 된다. 등장하는 키워드만 봐도 인공지능, 딥페이크, 저작권, 자율 주행, 인공장기, 생명윤리법과 유전자 편집 기술 등 학생들의 삶에 깊은 영향을 미치는 주제들로 가득하다. 특히 마지막 장은 초록색 눈을 가진 아이를 원하는 청구인이 국가를 상대로 생명윤리법이 위헌이라고 주장하며 벌어지는 재판 과정을 다룬다. 법이 기술을 지나치게 규제하면 발전의 동력을 잃을 수 있고, 반대로 규제가

과학 재판을 시작합니다
양지열 글 | 다른 | 200쪽 | 2024 | 15,000원

부족하면 윤리적, 사회적 문제가 발생할 수 있다. 『과학 재판을 시작합니다』는 법과 과학기술의 관계를 이해할 기회를 제공하며, 미래에 일어날 변화에 대비할 수 있도록 돕는다. 재판 과정을 현실감 있게 다뤄 재판 절차를 배울 수 있기 때문에 사회 과목과 연계하여 읽을 수 있다.

다만, 법률 용어에 대한 사전 지식이 부족한 독자에게는 다소 어려울 수 있다. 이를 보완하기 위해 저자는 과학기술 및 법률 용어 정의를 수록해 이해를 돕는다. 과학 지식과 사회적 지식을 동시에 얻을 수 있는 매력적인 책이다.

법과 과학에 관심이 많은 중학생에게 특히 추천한다. 각 장은 재판장이 배심원들에게 전하는 당부로 마무리되며, 마지막에는 독자에게 질문을 던진다. "이 사건에서 당신이라면 어떤 법적 결정을 내리겠습니까?" 이 책은 해답을 알려주지 않는다. 이후는 독자의 몫이다. 당신을 생생히 살아 숨 쉬는 과학 법정으로 초대한다. #법 #재판 #인공지능 #딥페이크 #유전자조작 #저작권

중학교 인문사회

교육과정(독서활동) 연계

[9사(일사)05-01] 법의 의미와 특징을 설명하고, 일상생활에서 접하는 법의 사례를 통해 법의 목적을 도출한다.

[9사(일사)05-03] 재판의 의미와 종류를 설명하고, 공정한 재판의 중요성에 대해 토의한다.

[9국02-07] 진로나 관심 분야에 대한 다양한 책이나 자료를 스스로 찾아 읽는다.

[9도03-07] 현대 과학기술과 관련된 윤리적 쟁점의 분석을 통해 과학기술의 유용성과 한계를 인식하고, 과학기술의 바람직한 활용에 대한 관심과 책임 의식을 기른다.

[9기가04-01] 인간의 건강과 생명 연장을 위해 의료 분야에서 활용되는 생명기술 사례를 조사하고 생명기술이 개인과 사회에 미친 영향을 평가한다.

함께 볼 만한 콘텐츠

- [책] 『10대와 통하는 법과 재판 이야기』 이지현 글. 철수와영희. 2021.
- [책] 『인공지능, 무엇이 문제일까?』 김상현 글. 동아엠앤비. 2020.
- [책] 『곽재식의 미래를 파는 상점』 곽재식 글. 다른. 2020.

공연장을 천천히 관찰하면 한 나라가 보인다

— 김담희

이 책은 친절한 클래식 음악 입문서이다. 공연장을 가본 경험도 없고, 클래식 음악의 애호가도 아닌 독자가 읽기에도 더할 나위 없이 매력적이다. 뉴욕 메트로폴리탄 오페라 하우스 박스석에서 드레스를 입은 관객들 사이 점퍼를 입고 오페라를 관람했던 저자의 경험을 계기로 시작한 책은 프랑스, 이탈리아, 독일, 오스트리아, 영국, 러시아, 미국까지 전 세계 일곱 개 나라 스물한 군데 클래식 공연장에 얽힌 다채로운 이야기를 들려준다.

음악 사조별, 시대별로 음악사를 이해하는 음악 교과서의 방식과 다르게 나라별 공연장을 중심으로 이야기를 들려주는 구성이 흥미롭다. 하룻밤 공연장 여행이라는 책 제목과 어울리도록 목차는 여행 코스처럼 국가는 DAY, 공연장은 Course로 구성되어 있다. 장마다 그 나라의 음악과 공연장에 관한 이야기를 시작으로 배경지식을 다지고, 나라를 대표하는 공연장을 아름다운 사진과 함께 소개한다. 공연장을 소개하는 장에서는 공연장에 얽힌 일화와 역사를 소개한 후, 관련 인물과 클래식 음악을 QR코드와 함께 소개한다. 숨 가쁘게 여행을 이어가기보다 저자의 안내에 따라 책을 잠시 내려놓고 음악 감상을 하고, 공연장 홈페이지에 들어가 현재 공연 상황을 살펴보는 등 마음껏 딴짓을 하며 여유롭게 이 책을 읽어가기를 권한다.

저자의 다정한 이야기를 듣고 있노라면 국가 음악의 발전에는 나라가 경제적으로 부유하고 정세가 안정되는 시기라는 점과 예술가들을 후원하는 세력이 있었다는 공통점이 있다는 사실을 알 수 있다. 뿐만 아니라 다른 문화를 수용하는 것에 유연한 태도가 음악 발전에 큰 영향을 미친다는 점, 프랑스, 이탈

하룻밤 공연장 여행: 예술, 문화, 역사가 들리는 전 세계 클래식 콘서트홀 이야기
최민아 글 | 다른 | 260쪽 | 2024 | 18,000원

리아, 독일 중심의 18세기 클래식 음악으로부터 각 나라의 민족 음악의 특색을 반영한 민족주의 음악이 태동했다는 점 등을 단순 사실이 아니라 매력적인 이야기로서 이해하게 된다. 또한, 극장을 설계한 건축가, 지휘자, 작곡가, 연주자 등 극장에 얽힌 인물들이 서로 긴밀하게 연결되는 이야기를 듣는 일도 흥미롭다. 너무나 유명해서 이름을 익히 알고 있는 바흐, 모차르트, 베토벤뿐만 아니라 김기민, 윤이상, 조수미, 손열음 등 세계적으로 활동하고 있는 우리나라 음악가까지 수많은 사람의 이름을 발견할 수 있다는 점도 이 책의 큰 장점이다.

한 나라의 과거를 알기 위해서는 박물관, 현재를 알기 위해서는 시장, 미래를 알기 위해서는 도서관에 가라는 격언이 있다. 저자는 이에 덧붙여 공연장이라는 한 공간을 천천히 관찰하다 보면 한 나라의 예술, 음악, 미술, 건축, 역사, 그 안의 사람들까지 보이게 될 것이라고 말한다. 이 책을 다 읽은 독자는 앞으로의 여행지에 클래식 공연장을 반드시 추가(or 방문)하게 되리라 확신한다.

#서양음악 #클래식음악 #발레 #오페라 #소나타 #교향곡 #협주곡 #고전주의 #낭만주의 #민족주의

중학교 예술

미술과 친해지고 싶은 너에게

— 이슬기

세상에는 셀 수 없이 많은 미술작품이 존재한다. 그리고 우리는 일상에서 자연스럽게 그것들을 마주하고 있다. 패션 브랜드 티셔츠에 유명 작가의 그림이 그려져 있기도 하고, 다양한 상품 안에 작품을 담기도 한다. 여행지의 미술관에서 소장하고 있는 작품을 실제로 보는 것도, 영상이나 다양한 매체를 통해서 작품에 대한 정보를 접하는 것도 어렵지 않은 세상에 살고 있다. 하지만 누군가에게는 여전히 미술의 세계가 멀게만 느껴지기도 한다. 미술에 대해 잘 알고 싶고 더 친해지고 싶지만, 선뜻 다가가기가 어려웠던 사람들에게 추천해주고 싶은 책을 발견했다.

『어쨌든 미술은 재밌다』의 저자는 입문자들이 미술을 얼마나 어렵게 느끼는지 누구보다 잘 알고 있기에 최선을 다해 쉽고 재미있게 읽을 수 있는 내용을 책 안에 담았다고 한다. 그런 저자의 마음이 책을 읽는 내내 고스란히 느껴졌다. 그냥 지나쳤던 그림이 다시 보이기 시작했다.

미술에 대해 잘 모르는 사람도 작품을 보자마자 작품과 작가의 이름을 바로 떠올릴 만큼 유명한 작품들이 있다. 특히 이 작품은 모르는 사람이 과연 있을까 싶은 의구심이 들게 할 만큼 세계적으로 유명하다. 기네스북에 올라온 추정가만 40조 원이 넘는다는, 실제로는 그 이상의 가치를 갖고 있는 〈모나리자〉 얘기다. 처음 프랑스 파리로 여행을 떠난 여름 어느 날, 루브르 박물관에서 교과서에서만 보던 수많은 작품을 실제로 만나고 왔다. 그중 가장 궁금했던 작품은 단연 〈모나리자〉였다. 그런데 막상 그림을 마주했을 때 감동이나 희열보다는 약간의 실망감이 섞인 듯한 감정이 앞섰다. 더 자세히 보고 싶어 주변을

어쨌든 미술은 재밌다

박혜성 글 | 아날로그(글담) | 320쪽 | 2023 | 18,500원

한참 서성이다가 그림 앞에 있는 사람이 너무 많아서 결국은 가까이 다가가 보지 못하고 발길을 돌렸던 기억이 난다. 너무 기대가 컸기 때문이었을까?

『어쨌든 미술은 재밌다』 안에는 〈모나리자〉에 관한 두 가지 이야기가 실려 있다. 모델인 모나리자는 누구인지, 이탈리아 화가인 레오나르도 다 빈치의 그림이 어떻게 프랑스에 있는 루브르 박물관에 소장되어 있는지에 대한 이야기를 읽고 나니 당장 루브르 박물관으로 가 그림을 다시 보고 싶었다. 이 책을 만나고 나서야 깨달았다. 기대가 너무 컸기 때문이 아니었다. 〈모나리자〉에 대해 알고 있는 것이 작품과 작가의 이름 외에는 전혀 없었기 때문이었다. 이름과 얼굴만 알고 있는 친구에게 다가가 친하게 지내자고 말만 하고 그 친구에 대해 알고 싶은 마음이 전혀 없었다면 과연 친해질 수 있을까?

하루 5분의 시간과 미술에 대해 더 알고 싶은 마음이면 충분하다. 가벼운 마음으로 이 책을 읽다 보면 어느새 작품과 옆자리에 앉아 다정한 이야기를 나누고 있을 것이다. 〈모나리자〉의 이야기가 궁금하다면, 반 고흐가 죽기 전에 팔았던 단 한 점의 그림이 무엇인지 알고 싶다면 지금 바로 서가에 가서 이 책을 펼쳐보자. #미술 #입문 #교양미술 #아트스토리텔링

교육과정(독서활동) 연계

[9미01-04] 삶과 미술의 관계를 이해하고 다양한 분야와의 연결 방안을 모색할 수 있다.

[9미03-04] 미술의 다원성에 대한 존중을 바탕으로 미술 감상 경험을 삶과 연결하고 공동체 문화에 기여할 수 있다.

함께 볼 만한 콘텐츠

- [책] 『브람스의 밤과 고흐의 별』 김희경 글. 한국경제신문. 2022.
- [책] 『미술관 읽는 시간』 정우철 글. 쌤앤파커스. 2022.
- [유튜브] 차클 플러스 〈모나리자 가격이 40조 알고 계셨나요? 알아두면 재밌는 미술사 4시간〉(3:52:12). 2024.6.8.

스포츠 속에서 성장하는 마음, 체육 수업에서의 교훈

— 배고은

학교에서 근무하다 보면 체육수업은 물론이고 쉬는 시간, 점심시간에 피구 공, 소프트볼 공, 킨볼 공, 농구공, 축구공 등을 가지고 친구들과 어울리는 학생들의 모습을 쉽게 볼 수 있다. 웃으면서 공을 패스하는 학생도 보이고, 진지한 표정으로 골을 노리는 학생도 보이고, 항의하며 잔뜩 찡그린 얼굴을 한 학생도 있다. 학교에서 단체 또는 개인으로 스포츠를 접하다 보면 학생들은 마음을 하나로 모으기도 하고, 경쟁이 과열되어 싸우기도 한다. 그 안에서 체육 선생님들은 페어플레이와 희생정신을 가르쳐 주신다. 그 과정을 통해 학생들은 친구를 사랑하는 태도를 바탕으로 스포츠를 온전히 즐기고 열중하는 방법을 배울 수 있다.

삶 속에 녹아있는 스포츠를 좀 더 자세히 알고 싶다면 체육 선생님들이 쓴 책 『건투를 빌어요』를 읽어보자. 이 책은 체육 선생님들이 주축으로 선수를 꿈꾸는 학생들에게 의지를 북돋아 주기 위해 쓰기 시작했다. 불굴의 의지와 삶의 전형을 담은 스포츠 영화를 토대로 영화 줄거리와 대사를 중심으로 설명하고, 그 안에 담겨 있는 스포츠 정신을 독자에게 알려준다.

책에 소개된 영화 〈42〉는 최초의 아프리카게 메이저리거 잭 로빈슨의 실제 이야기를 다룬다. 통산 타율 0.311, 안타 1,518개, 홈런 137개, 타점 734점 및 3할 이상 타율을 6회나 기록한 그의 화려한 성적 이면에는 가혹했던 인종차별을 이겨낸 더욱 위대한 업적이 숨어있다. 1946년까지 16개 팀의 선수 400명 모두가 백인이었다. 이 숫자는 1947년 개막전 때 잭 로빈슨이 등장하면서 399명으로 무너진다. 잭 로빈슨은 등판할 때마다 흑인에게는 환대를, 백인에게는

건투를 빌어요
정일화·장필준·한동수·이승현·강민수·이정우·이청아·서유정·송재우 글 | 크루 |
188쪽 | 2024 | 17,000원

독설을 듣는다. '검둥이는 백인과 같이 경기할 수 없다', '어떻게 흑인이랑 같이 샤워를 하며 생활하라는 것이냐?' 등 여러 인종 차별적인 말을 들으면서 묵묵히 잭 로빈슨은 자신의 실력을 입증해 나간다. 그리고 마침내 잭은 야구 실력으로 깨지지 않을 것만 같은 견고한 차별의 벽에 조금씩 균열을 내었다. 같은 팀에서도 조롱받던 잭 로빈슨은 팀원들에게 한 팀으로 인정받아 새역사를 썼다. 차별을 스포츠로 이겨낸 잭 로빈슨을 주인공으로 한 영화 〈42〉는 어딘가에서 차별로 좌절을 맛본 사람에게 노력에 대한 인정을, 마음의 위로를 줄 수 있는 감동적인 이야기를 담고 있다.

단순히 스포츠를 보고, 즐기는 것을 넘어서 그 안에 담긴 삶의 가치를 찾고 싶은 학생들에게 이 책을 추천한다. 페어플레이, 리바운드 정신, 상대 선수를 존중하는 태도, 결과에 승복하는 마음을 배울 수 있는 책을 친구들과 함께 읽고 토론해보길 바란다.

#페어플레이 #리바운드 #노력 #인정

교육과정(독서활동) 연계
[9체01-11] 사회적 건강의 의미를 이해하고 사회적 건강을 위한 활동의 종류와 특성을 분석한다.
[9체01-12] 사회적으로 적합한 건강 활동 방법을 실천한다.
[9체01-14] 건강활동을 자율적으로 실천하며 자신과 공동체에 대한 안전을 추구한다.

함께 볼 만한 콘텐츠
• [책] 『경기장을 뛰쳐나온 인문학』 공규택 글. 북트리거. 2019.
• [책] 『체육 교사 수업을 말하다』 전용진 글. 살림터. 2015.
• [책] 『교사, 수업에서 나를 만나다』 김태현 글. 좋은교사. 2012.

결국엔 사랑이야

— 서미경

　학교 도서관 건물 뒤편에 '너맘길'이라는 산책로가 있었다. '너의 마음으로 가는 길'이라는 뜻을 가진 이 길을 학생들은 이용하길 꺼렸다. 어둡고 축축해 무섭다고 했다. 이 고운 뜻을 가진 길을 학생들에게 열어주고 싶었다. 도서부 몇몇 친구들과 '녹즙러버'라는 팀을 꾸리고, 너맘길 공터에 텃밭 농사를 시작했다. 어디서 소문을 듣고 찾아온 일꾼들이 하나, 둘 늘어났다. 녹즙러버 학생들은 텃밭 활동 기록장을 꾸준히 작성했는데, 한 학생이 '양배추잎 뒤에 초록색 정체불명 애벌레가 있어 잎을 파먹길래 거주지를 옮겨주었다'라고 적은 문장이 오래 마음에 남았다.

　생명감수성은 '생명체를 어떻게 느끼고 받아들이면 좋을지 생각해보는 것'이다. 애벌레의 거주지를 옮겨주던 학생이 흙을 만지며 배운 찰나의 생각과 행동이 생명감수성이라는 것을 이 책을 통해 알게 되었다. 반면 가족과 함께 즐겼던 함평나비축제에서 만난 나비의 고통을, 수업 시간에 날아다니며 교실을 소란스럽게 한 벌을 죽일 뻔한 일을 대수롭지 않게 생각했던 나 자신을 발견했다.

　저자 김성호는 20년간 학생들을 가르쳐 온 생명과학과 교수로, 그의 글은 수필처럼 아름다운 문장으로 가득하다. 책을 읽다 보면 마치 오랜만에 만난 다정한 삼촌과 대화를 나누는 듯한 따뜻함이 느껴진다. 저자는 생명감수성이 무엇인지, 왜 필요한지, 생명감수성을 키우고 싶다면 어떻게 해야 하는지를 학생들 눈높이에 맞춰 친절하게 설명한다. 더불어 법학, 의학, 생물학이 말하는 생명에 대한 정의를 통해 다양한 관점에서 바라볼 수 있도록 시각을 넓혀준다. 중학교 과정에서 배우는 생물학 지식만 있어도 이해할 수 있는 용어만을

생명감수성 쫌 아는 10대
김성호 글 | 서와 그림 | 풀빛 | 254쪽 | 2023 | 13,000원

사용하고 있는 것도 장점이다.

다만, 생명감수성만을 강조하다 보면 생존을 위해 필연적으로 다른 생명을 섭취해야 하는 인간 존재에 대한 딜레마가 생긴다. 책에서 언급한 '산천어 축제'는 법적으로 문제가 없지만 생명감수성의 시각에서는 다른 의견을 불러일으킨다. 법을 통해 바라보는 관점과 윤리를 통해 바라보는 관점의 차이가 무엇인지 비교하면 좋겠다. 이는 교실에서 친구들과 나눌 수 있는 흥미로운 토론 주제가 될 것이다.

이 책은 단순한 생물 관련 지식을 전달하는 도서가 아니라, 우리가 함께 살아가는 생명의 연결 고리를 되새기게 하는 따뜻한 안내서이다. 생명과학에 관심 있는 중학생, 일상에서 생명의 의미를 되새기고 싶은 사람들에게 추천한다. 혐오의 시대에 나와 이웃에게 따뜻한 시선을 갖게 하는 건, 미생물과 작은 곤충에 대한 존중에서 시작된다는 것을 깨닫게 될 것이다. 우리 친구들이 애벌레를 무심코 죽이지 않고 다른 곳으로 옮겨주는 마음, 함께 잘 살아가려는 그 귀한 마음으로 '너맘길'을 걷고 있기를 바란다.

\#생명감수성 \#생물다양성 \#생물학 \#너를사랑하는방법

교육과정(독서활동) 연계
[9과02-05] 생명다양성 보전의 필요성을 이해하고, 생물다양성 유지를 위한 방안을 조사하고 실천할 수 있다.
[9도04-01] 인간 이외의 생명체를 도덕적으로 고려해야 하는 이유를 정당화하고, 생명을 가진 존재이 겪는 고통에 공감하며 생명을 소중히 여기는 태도를 기른다.

함께 볼 만한 콘텐츠
- [책] 『생물다양성 쫌 아는 10대』 김성호 글. 도아마 그림. 풀빛. 2024.
- [책] 『생명을 보는 마음』 김성호 글. 풀빛. 2020.
- [책] 『물고기는 존재하지 않는다』 룰루 밀러 글. 정지인 옮김. 곰출판. 2021.

세상은 질문으로 가득 차 있다

— 허민영

퇴근길에 학교 근처 편의점을 지나갈 때면 학생들이 삼삼오오 모여 있는 모습을 쉽게 볼 수 있다. 아이들은 라면이나 삼각김밥으로 허기진 배를 달래거나, 아이스크림과 같은 간식을 먹으며 소소한 즐거움을 누린다. 이화여자대학교에서 사회과교육을 공부하고, 동 대학원에서 경제교육 석사, 행동경제학 박사과정을 수료한 김나영 저자는 학생들이 자주 이용하는 편의점에서 이루어지는 경제 활동에 주목했다. 참치마요 삼각김밥을 먹기로 선택했다면, 그 선택으로 인해 포기한 무언가가 있었다는 발견은 경제학자의 시선이었기에 가능했다.

책은 무지개 중학교에 다니는 다섯 친구. 유진, 경호, 기연, 준우, 지원이를 중심으로 전개된다. 이들은 학원 옆 행복 편의점을 방문하면서, 편의점에 닥친 위기를 목격하고 이를 해결하기 위해 머리를 맞댄다. 특히 편의점 단골이던 기연이가 편의점에서 아르바이트를 시작하면서 이야기는 더욱 흥미로워진다. 아이들은 단순한 소비자에서 벗어나 고객의 행동 패턴을 관찰하며, 분석적이고 창의적인 아이디어로 편의점 경영에 적극적으로 참여한다. 장마다 에피소드가 마무리되면 저자 강의가 이어지는데, 이때 경제와 수학의 핵심 개념이 친절하게 설명된다.

이 책에서 눈에 띄는 점은 아이들의 질문이다. 편의점을 이용하는 아이들은 "이상하지 않아? 내가 고른 음료수는 원기둥 모양인데, 왜 우유팩은 사각기둥이지?"라는 질문을 던진다. 답은 이어지는 강의에서 제시된다. 독자는 저자의 자세한 설명을 통해 직육면체가 원기둥보다 공간 활용도가 높아 진열할 때 더

"

경제수학, 위기의 편의점을 살려라!
김나영 글 | 생각학교 | 276쪽 | 2024 | 15,000원

효율적이라는 것과 도형의 부피를 계산하는 방법을 알게 된다. 또한, 냉장 상품의 유통 과정에서 경제적 운영 방식의 중요성을 자연스럽게 배울 수 있다.

이 책의 가치는 '질문하는 태도'를 촉진하는 데 있다. 편의점에 모인 아이들은 다양한 질문을 한다. "과자 회사에서 앞으로 더 많이 생산할 계획은 없대요?" "도대체 아이스크림을 어떻게 발주해야 편의점에 이익일까" "이런 예쁜 패키지를 디자인하면 어떨까?" 이러한 호기심 어린 질문들은 학생들이 자라면서 잃어버리기 쉬운 것들이다. 학년이 올라갈수록 교실에 질문이 점점 줄어들고, 질문하는 방법을 넘어 질문하고자 하는 의욕조차 사라져 가는 것이 현실이다.

이 책은 독자에게 "세상은 질문으로 가득 차 있다"는 메시지를 전달한다. 책을 통해 청소년 독자가 바람에 살랑이는 머릿결에도 기류에 관한 질문을 던질 수 있는, 사소한 일상에도 호기심을 품는 자세를 가지길 바란다.

#경제학 #수학 #편의점

교육과정(독서활동) 연계

[9수03-01] 점, 선, 면을 이해하고, 실생활 상황과 연결하여 점, 직선, 평면의 위치 관계를 설명할 수 있다.

[9사(일사)09-03] 시장경제에서 수요와 공급을 변화시키는 요인을 조사하고, 시장 가격 변동에 대응하는 방안을 계획한다.

[9사(일사)08-01] 경제생활에서 합리적인 선택의 필요성에 대해 검토하고, 비용과 편익을 고려한 합리적 선택 방안을 탐색한다.

함께 볼 만한 콘텐츠

- [책] 『최강의 실험경제반 아이들』 김나영 글. 리틀에이. 2022.
- [책] 『시장과 가격 쯤 아는 10대』 석혜원 글. 풀빛. 2019.
- [책] 『중등 필독 신문』 이현옥 외 1인 글. 체인지업. 2024.

과학이 들려주고 싶은 지구 이야기

— 이슬기

"'과학을 알면 뭐가 달라지나요?' 저는 이 질문에 '삶이 풍요로워져요.'라고 답합니다. … 우주가 실은 138억 년 전 아주 작은 한 점이 폭발하면서 생겨났다는 사실을 알게 된다면 어제 본 밤하늘과 오늘 보는 밤하늘은 분명 다를 겁니다. 사실 밤하늘은 똑같습니다. 단지 하늘을 바라보는 나의 관점이 달라졌을 뿐이죠."(8쪽)

『과학드림의 무섭게 빠져드는 과학책』은 기묘하게 얽히고설킨, 우주의 탄생부터 인류 문명이 만들어지기까지의 이야기로 시작한다. 138억 년 전, 태초에 작은 점이 터지며 빅뱅이 시작되고, 4억 년의 암흑시대 이후 핵융합 반응으로 별과 은하가 만들어진다. 그리고 지금으로부터 약 38억 년 전, 지구 바닷속에서 원시세포가 만들어지고 약 18억 년이 흐른 뒤 진핵세포가 생긴다. 이후 바로 다양한 생물이 생겨났을까? 아니다. 진정한 세포의 등장에도 불구하고 지구와 바다는 10억 년 동안 고요했다. 그러던 약 5억 4,000만 년 전, 캄브리아기 대폭발이 일어나고 드디어 우리가 알고 있는 고생대, 중생대, 신생대의 시기를 거쳐 오늘까지의 인류 문명이 펼쳐진다.

현재 살아가고 있는 사회가, 지구가, 문명이 지금 우리와 함께 숨 쉬고 있기까지의 시간을 마주해보자. 태초에 작은 점이 생기고 억겁의 시간이 흐른 지금에 이르기까지 수많은 과학적 가설과 증거가 있었다는 사실이 경이롭게 느껴질 것이다. 대체 과학은 어디까지 알고 있으며 얼마나 더 많은 이야기를 우리에게 들려줄까? 138억 년. 가끔은 오늘 하루가 너무 길게 느껴지기도 하고 지나온 과거가 유독 까마득해 보일 때도 있는데 138억 년은 대체 얼마만큼의

과학드림의 무섭게 빠져드는 과학책

김정훈(과학드림) 글 | 더퀘스트 | 332쪽 | 2023 | 20,500원

시간인 걸까. 그리고 그 시간 속에서 인류의 역사는 찰나의 찰나인 순간일 텐데. 인류 또한 공룡처럼 언제 사라져도 이상하지 않겠다는 생각이 외면하고 있었던 사회문제에 대한 걱정으로 이어진다. '인류의 미래는 어떻게 될까? 만약 앞으로도 우리가 누리고 있는 편안함에 가려 환경 문제의 심각성을 등한시한다면 인류가 사라질 수도 있겠구나. 그리고 그것은 우주의 역사 앞에서 티끌만큼 사소한 문제에 불과하겠구나.' 과학을 통해 새로운 세상이 보이기 시작했다. 책을 읽기 전과 후로 하늘을 바라보는 관점이 변하고 있었다.

과학이 여전히 어렵게 느껴지는 학생들에게, 그리고 과학은 이제 더 이상 공부하지 않아도 되는 학문이라고 생각하고 있는 어른들 모두에게 이 책을 추천한다. 지구와 고대 생물, 신비한 동물의 이야기와 인류, 그리고 기후 환경의 이야기를 따라가다 보면 삶이 풍요로워질 것이다. 우리가 살고 있는 지구가, 하늘에 떠 있는 별이, 그리고 과학이 다르게 보일 것이다. 어쩌면 앞으로 지구를 지키기 위해 어떻게 살아가야 하는지 해답의 실마리를 찾을 수도 있지 않을까? #진화 #기후 #생태 #지구 #인류 #환경

교육과정(독서활동) 연계

[9과02-03] 생물다양성을 이해하고, 변이와 생물다양성의 관계를 추론할 수 있다.

[9과07-02] 태양의 표면과 대기에서 일어나는 현상을 알고, 태양의 활동이 지구에 미치는 영향을 추론할 수 있다.

[9과09-05] 대륙이동설을 이해하고, 지진과 화산이 발생하는 지역의 분포를 판의 경계와 관련지어 설명할 수 있다.

함께 볼 만한 콘텐츠

- [책] 『SF는 인류 종말에 반대합니다』 J.김보영, 박상준 글. 지상의책(갈매나무). 2019.
- [책] 『이과형의 만만한 과학책』 이과형(유우종) 글. 토네이도. 2023.
- [유튜브] 보다BODA 〈다가오는 6차 대멸종에서 인류가 살아남을 수 있는 유일한 방법(과학을 보다 EP.92)〉(42:17). 2024.11.9.

오늘 내가 사용한 플라스틱은 몇 개나 될까?

— 배고은

플라스틱은 저렴하고 가벼우면서도 오래가는 재료다. 우리가 흔하게 사용하는 비닐봉지, 병, 포장지, 빨대와 같은 플라스틱은 몇 번이나 재사용할 수 있을까? 한번 사용할 때 몇 분이나 사용할까? 주변을 살펴보면 플라스틱을 만드는 시간, 처리하는 시간보다 훨씬 짧은 시간 플라스틱을 사용한다. 이러한 소비 방식이 산더미 같은 플라스틱 쓰레기를 만들어내고 있다. 일부는 재활용되거나 소각되지만, 대부분 쓰레기 매립지에 묻힌다. 쓰레기 매립지에 있는 플라스틱 폐기물은 많은 문제를 일으킨다.

플라스틱은 왜 지구를 해칠까? 플라스틱은 어디에서 왔으며 우리는 왜 플라스틱을 사용할까? 플라스틱 사용을 멈출 수 있을까? 질문에 대한 답이 책에 나와 있다. 이 책은 단순히 글만 나열한 것이 아니라 다양한 그림과 도식으로 독자들의 이해를 돕는 마인드맵 그림책이다. 마인드맵은 다양한 생각을 연결해 간단하게 보여주는, 그림으로 된 지도이다. 장마다 질문이 나뉘어 이야기가 시작된다. 알고 싶은 질문을 찾아서 색깔별로 표시된 선을 따라 각각의 개별 주제를 살펴보면 좀 더 재미있게 책을 읽을 수 있다. 쪽마다 색깔별로 원형 다이어그램을 제시하였다. 그래서 색깔을 통해 다른 쪽으로 이어져 옮겨가며 읽을 수 있다. 이렇게 읽으면 정보를 하나로 모으는 데 도움이 된다. 내용이 유기적으로 연결되어 있어 하나의 주제로도 여러 가지 생각을 할 수 있어서 좋다. 창의적으로 생각할 수 있고, 책에 나온 정보를 다각도로 살펴볼 수 있어서 생각을 창의적으로 하고 싶은 친구들에게 추천한다.

플라스틱이 가지고 있는 다양하고 복잡한 문제를 책을 통해 배우고 나면,

플라스틱은 왜 지구를 해칠까요?

클라이브 기퍼드 글 | 한나리 그림 | 바나나북 | 80쪽 | 2024 | 20,000원

그 지식과 생각을 다른 사람들과 공유해보는 것은 어떨까? 플라스틱을 줄이기 위해 함께 노력하면 변화를 가지고 올 수 있다. 플라스틱을 줄이려는 노력이 변화를 이끌어낸 사례도 우리 주변에서 쉽게 찾아볼 수 있다. 마트에서는 일회용 비닐봉지를 제공하지 않으며 대신 장바구니를 이용할 수 있도록 안내하고 있고, 2022년부터 우리나라에서 카페 매장 이용 시 일회용 플라스틱 사용을 제한하고 있다. 음식 포장으로 발생하는 불필요한 쓰레기를 줄이자는 취지에서 다회용기에 식재료나 음식을 포장해오는 '용기내 챌린지'도 만들어졌다. 그 외 플라스틱 사용을 피하고, 다시 쓰고, 고쳐 쓰고, 재활용하고 대체재를 찾는 방법을 책을 통해 알아볼 수 있다. 지구를 살리는 환경 이야기가 궁금한 모든 사람에게 이 책을 추천한다.

#플라스틱 #환경 #지속가능한 삶

교육과정(독서활동) 연계

[9과01-03] 인류의 지속가능한 삶을 위한 과학기술의 중요성과 역할에 대해 토의하고, 개인과 사회 차원의 활동 방안을 찾아 실천할 수 있다.

[9과08-03] 물질의 특성을 이용하여 혼합물이 분리되는 원리를 이해하고, 이를 이용한 사례를 주변에서 찾을 수 있다.

함께 볼 만한 콘텐츠

- [책] 『달력으로 배우는 지구환경 수업』 최원형 글. 블랙피쉬. 2021.
- [책] 『환경과 생태 쫌 아는 10대』 최원형 글. 방상호 그림. 풀빛. 2019.
- [책] 『지구를 살리는 기발한 물건 10』 박경화 글. 한겨레출판. 2019.

중학교 과학

우리의 봄날

— 신정임

책의 표지는 달빛이 설원을 비추는 밤, 시골 오두막 앞에 선 남녀 옆에 이삿짐이 가득 실린 트럭 한 대가 정차해 있는 모습을 보여준다. 이 표지만으로도 '대체 어떤 스토리일까?' 하는 궁금증으로 첫 장을 넘기게 된다.

이 책의 주인공인 치매 어머니를 간병하는 50대 여성 명주, 뇌졸중 아버지를 돌보는 20대 청년 준성은 예기치 못한 부모의 죽음에 직면하게 된다. 사회, 경제적으로 보호받지 못하는 사각지대에 놓인 명주와 준성은 부모의 죽음을 은폐, 유예하므로 각박한 삶을 견디어 갈 탈법적인 방법을 시도하게 된다. 절박한 삶의 막다른 길에 선 그들이 살기 위해 선택한 방법과 실행 과정을 작가는 입체적이고 설득력 있게 그려 놓았다. 마치 독자가 생존을 위해 탈법 행위를 저지른 주인공들의 행동과 추후 결말에 대해 아량 가득한 면죄부와 격려를 보내주기를 바라는 것처럼.

"품위 있는 삶까지는 바라지도 않아. 생존은 가능해야 하지 않겠어? 나라가 못 해주니 우리라도 하는 거지. 살아서, 끝까지 살아서, 세상이 우리를 어떻게 하는지 보자고. 그때까진 법이고 나발이고 없는 거야"(218쪽)

명주의 이 절규가 어떻게든 현재의 삶을 살아내려는 처절한 몸부림으로 느껴져 그녀의 위법 행동에 처벌의 잣대를 적용할 수 없게 한다. 오히려 이러한 극한의 상황으로 떨어질 때까지 아무런 도움이나 해결 방안을 주지 못하는 국가와 사회의 무관심을 탓하게 된다. 문미순 작가는 85일간의 남편 간병 돌봄

우리가 겨울을 지나온 방식

문미순 글 | 나무옆의자 | 260쪽 | 2023 | 14,000원

경험을 바탕으로 현대 사회에서 돌봄의 의미와 책임 주체를 고민해 보게 하는 작품을 썼다. 개인의 고난과 그 속에서 피어나는 인간애를 통해, 돌봄이 단순한 개인의 의무가 아니라 사회 전체의 책임이며, 이 책임을 다하기 위해 공동체의 연대와 사회적 돌봄이 필요함을 말하고 있다. 돌봄은 가족, 친구, 이웃, 그리고 국가까지, 여러 주체에 의해 이루어질 수 있으며, 이들 각각이 자신의 역할을 다하여야 한다는 메시지를 전달한다.

나는 나와 내 이웃들의 하루하루가 절망과 분노의 나락에 빠지지 않는 '오늘은 운수가 좋은 날이다'라고 자신에게 속삭일 수 있는 날이었으면 좋겠다. 고단한 삶의 한 페이지가 정리된 소박한 행운에 감사하며 희망이 있는 미래를 꿈꾸는 서민들이 많아지는 나라. 우리는 영원히 한국을 떠나지 않고 이 땅에서 살아갈 한국인이기에, 온 국민이 매일 '운수 좋은 날'이라고 환하게 미소 지을 수 있는 대한민국이 되길 간절히 바라본다. #돌봄 #희생 #국가 # 책임# 이웃

고등학교 문학

교육과정(독서활동) 연계

[12사탐03-01] 저출산·고령화로 인해 발생하는 다양한 사회문제의 실태를 조사하고, 해결방안을 제시한다.

[12기가02-04] 생활복지서비스와 일상생활에서 생성되는 빅데이터 적용의 의미를 파악하고 이를 활용하여 생활에 적용할 수 있는 새로운 복지 방안을 제안한다.

[12기가02-05] 개인 및 가족의 생애주기에 따른 맞춤형 스마트 복지현황을 파악하고 자신이 설정한 삶의 목표 실현에 적용할 수 있는 복지서비스 정책을 제안한다.

함께 볼 만한 콘텐츠

• [책] 『친밀한 착취: 돌봄노동』 알바 갓비 지음. 니케북스. 2024

• [유튜브] KBS NEWS 〈부모 간병하느라 미래 막막… 청년들의 '비공식 돌봄'〉(2:25). 2021.11.15.

• [영화] 〈로망〉(112분). 2019.

누군가 나의 삶을 평가하고 있다면 동의할 수 있을까?

— 윤기선

어느 날 갑자기 사람들의 머리 위에 수레바퀴 모양의 원판이 떠 있다. 수레바퀴는 정의를 상징하는 청색과 부덕을 상징하는 적색 영역으로 나뉜다. 과학적으로 검증하기 어려운 원판은 누구나 볼 수 있으며 개인의 삶의 모습에 따라 실시간으로 변하고 결국에는 사후에 천국과 지옥에 갈 확률로 이어진다. 르포작가인 '나'는 수레바퀴가 나타난 지 1년이 되는 시점에 다양한 분야의 사람들을 취재하면서 수레바퀴 등장 이후의 바뀐 세상에 대해 기록한다.

초월적인 존재인 수레바퀴가 '눈에 보이지 않는' 사후 세계를 빌미로 삼고 '눈에 보이는 방식'으로 사람들에게 정의를 강요할 때 보이는 인간군상의 다양한 행동의 변화가 흥미롭다. 물질적 풍요를 최고의 성공과 욕구충족 그 자체로 생각했던 사람들은 전과 다르게 연봉을 높이기 위해서가 아니라 지옥에 갈 확률을 낮추기 위해서 자기계발서를 읽고, 유망한 주식 종목을 확인하는 대신 도덕의 토대에 대한 철학 이론을 공부한다. "모두가 주식과 부동산에 눈이 벌게져 있던 시절보다 지금이 더 풍부하고 다채롭지 않나요?"(24쪽) 자신이 처한 상황을 합리화하는 등장인물 K의 말처럼 현재 우리가 살고 있는 사회의 모습을 꼬집는 부분들이 많아 책을 읽고 함께 이야기할 거리가 많다.

개개인의 삶에 대한 점수표와 같은 수레바퀴는 사람의 처지와 능력에 따라 다른 기준으로 점수를 매기고 그 점수에 대한 최종 계산은 확률로 이루어지는 특성을 보인다. 사람들에게 동일한 채점기준을 부과한 것은 아니어서 공정한 부분이라고 생각할 수도 있지만, 인터뷰에 응한 다양한 사람들은 수레바퀴가 제시하는 정의에 모두 동의하는 것은 아니다. 수레바퀴의 방식이 마음에 들

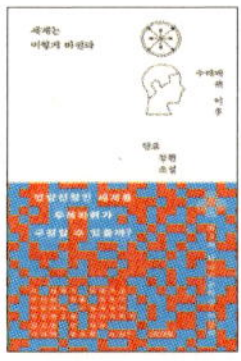

세계는 이렇게 바뀐다
단요 글 | 사계절 | 224쪽 | 2023 | 15,000원

지 않는 수학과 교수 P부터 앱을 개발해 돈을 버는 사람, 수레바퀴에 반대하는 안티휠, 수레바퀴 관리기업(디코럼), 자산운용사, 종교, 청소년 등 각자의 입장에서 수레바퀴를 해석하고 받아들여 이용하는 정도가 다르다. 인상적인 사람은 수의사 D로 청색영역이 90이었다가 하루아침에 0으로 내려간 인물이다. 수레바퀴의 체제에 순응하며 살았더라면 무난히 천국에 갈 수 있었을 그는 사람을 죽여 적색보다 아래 단계, 희망이 없는 흑색 영역으로 바뀌었다. 그는 모든 사람이 천국에 갈 수 있다는 자신만의 논리와 계획을 주인공에게 이야기한다. 처음에는 터무니없다는 생각이 들다가도 수레바퀴로 '바뀐' 세상이라면 가능할 것도 같다는 여지를 주는 부분이 기억에 남았다.

헤르만헤세의 『수레바퀴 아래서』는 사회적 억압과 제도, 인간의 내적 갈등과 소외 등 거대한 기계처럼 멈추지 않고 개인을 짓누르는 구조를 '수레바퀴'로 표현했다. 이제 수레바퀴를 또 다른 상징으로 삼은 새로운 글을 읽으면서 '정의'가 어떤 모습으로 적용되는지 생각할 수 있다.

#정의#수레바퀴#도덕성#합리성

교육과정(독서활동) 연계

[10통사2-02-01] 정의의 의미와 정의가 요구되는 이유를 파악하고, 다양한 사례를 통해 정의의 실질적 기준을 탐구한다.

[10통사2-02-02] 개인과 공동체의 관계를 기준으로 다양한 정의관을 비교하고, 이를 구체적인 사례에 적용하여 설명한다.

[10통사2-02-03] 사회 및 공간 불평등 현상의 사례를 조사하고, 정의로운 사회를 만들기 위한 다양한 제도와 시민으로서의 실천 방안을 제안한다.

함께 볼 만한 콘텐츠

• [책] 『청소년을 위한 정의의 올바른 이해』 유재화 글. 자유로운 상상. 2011.

고등학교 문학

느티나무 아이들에게 엿본 희망

― 황왕용

　김중미 작가의 책은 현대 사회에서 점점 잊혀 가는 돌봄, 환대, 연대의 가치를 되새기게 하는 청소년 소설이다. 약자와 소외된 이들의 이야기에 꾸준히 귀 기울여 온 작가답게, 이번 작품에서도 이주민 가족과 그들이 살아가는 공동체를 섬세한 시선으로 그려낸다. 여기에 판타지적 상상력이 더해져 읽는 내내 따뜻한 감동을 준다. 32년 동안 1년 365일 열리던 공부방 문이 코로나19로 닫히면서 가슴 아파했고, 힘든 겨울을 밀어낸 봄의 생명력으로 식물, 동물이 살아가는 숲과 사람 이야기를 해야겠다고 생각한 작가의 작품이『느티나무 수호대』다.

　이야기 중심에는 대포읍의 오래된 느티나무와 그 안에 깃든 정령 '느티 샘'이 있다. 느티 샘은 돌봄이 필요한 아이들을 나무 안으로 초대해 아침을 함께 먹고, 그들에게 세상을 살아갈 힘을 전해준다. 주인공 도훈이는 베트남 출신 엄마와의 소통의 어려움, 가족 갈등, 또래와의 관계에서 느끼는 외로움 속에서 느티 샘을 만나며 변화를 경험한다. 특히 친구들과 함께 춤을 추고 자신을 긍정하기 시작하면서, 사랑하는 법을 배워 간다는 점이 감동적이다.

　도훈과 친구들이 재개발 위기에 처한 느티 언덕과 느티 샘을 지키기 위해 댄스 동아리 '레인보우 크루'를 결성하는 과정은 단순한 성장 이야기를 넘어 연대의 중요성을 보여준다. 춤으로 자신을 표현하고, 또 그 과정에서 다른 사람들과의 관계를 새롭게 만들어가는 모습은 아이들뿐만 아니라 독자들에게도 큰 울림을 준다. 특히 "Not today"라는 BTS의 노래가 이들의 여정에 힘을 더하는 장면은 인상적이다. 서로의 곁을 지키며 함께 살아가는 법을 배우는 아이들의 모습을 보면서 잊고 있던 공동체의 힘을 다시 일깨웠다.

느티나무 수호대

김중미 글 | 돌베개 | 268쪽 | 2023 | 14,000원

『느티나무 수호대』는 단순히 아이들의 이야기를 넘어서, 우리가 어떻게 서로를 돌보고 함께 살아가야 하는지를 묻는 작품이다. 특히 느티 샘을 통해 전달되는 따뜻한 말들은 우리가 쉽게 놓치는 중요한 공동체 가치를 느끼게 한다. 나눌수록 튼튼해지는 숲처럼, 서로 도움을 주고받으며 성장해 가는 아이들의 모습은 고립의 시대를 살아가는 독자들에게 깊은 감동과 희망을 준다.

"언젠가부터 도훈이는 자신도 숲의 일부라고 느끼기 시작했다. 도훈이는 그것이 느티 샘의 환대가 지닌 힘임을 안다. 느티 샘의 환대 덕분에 지금 대포읍에는 새로운 숲이 만들어지고 있다. 레인보우 크루, 대포읖 아이들, 대포마을회가 함께 만들어가는 숲. 도훈이는 그 숲이 홍규목 기억의 숲과 이어져 모두를 위한 미래의 숲으로 가꿀 수 있기를 꿈꾼다."(253쪽)

김중미 작가는 이번 작품에서도 변함없이 소외된 이들의 이야기를 따뜻하게 그려내며, 다음 세대를 위한 중요한 가치를 전하고 있다. 느티나무라는 판타지적 상상력을 통해 돌봄, 환대, 연대를 아름답게 풀어냈다. 이 책은 청소년들뿐만 아니라, 지금 이 순간 외롭고 지친 마음을 가진 모든 이들에게 꼭 필요한 선물이 될 것이다. #환대 #연대 #돌봄 #공동체 #다문화

교육과정(독서활동) 연계
[12문학01-01] 문학이 인간과 세계에 대한 이해를 돕고, 삶의 의미를 깨닫게 하며, 정서적·미적으로 삶을 고양함을 이해한다.
[12문학01-11] 문학을 통해 공동체가 처한 여러 문제들을 이해하고 문제 해결에 참여하는 태도를 지닌다.
함께 볼 만한 콘텐츠
• 빅이슈. 「단체 소개」(https://bigissue.kr/about/mission)

고등학교 **문학**

디지털 시대의 교육적 위기 해결법

— 신정임

　요즘은 현대인의 내장 전체를 통틀어 말할 때 오장육부(五臟六腑)가 아니라 오장칠부(五臟七腑)라고 자조적으로 표현하곤 한다. 육부(六腑)인 대장, 소장, 위장, 담낭, 방광, 삼초에 현재 우리나라에서 모든 사람의 손에 들려 있는 핸드폰을 포함하여 오장칠부(五臟七腑)라고 한다. 항상 휴대하는 핸드폰이 절대로 뗄 수 없는 신체 장기처럼 되어버린 상황을 명시하는 말이다. 일선 학교에서 초중고 학생들에게 핸드폰을 몰수하는 것은 숨을 끊는 것 같은 행위라는 극단적인 비유의 의견도 있다.

　현대인들은 삶과 생활을 능률적으로 하기 위해 만들어진 발명품인 스마트 디지털기기와 이 기기를 이용해서 주변인과 관계하고 소통하게 하는 인스타그램, 페이스북, 틱톡 등 여러 소셜미디어 프로그램을 많이 사용한다. 유튜브 등 온라인 플랫폼은 사람의 소통, 체형, 학습, 발달, 경제 등 여러 부문에서 심각한 영향을 끼치고 있다. 다이너마이트라는 발명품이 건설 산업 부문의 발전보다는 전쟁에서 인명 살상용으로 쓰여 끼친 막대한 피해를 우리는 알고 있다.

　책에 서술된 여러 데이터와 의견을 기반으로 우리는 아래와 같은 사실을 짐작할 수 있다. 핸드폰 기기와 여러 소셜 프로그램은 정보검색의 편리함과 소통의 효율성 외에 심리적 열등감과 지적 능력의 퇴보라는 양날의 검으로 작용한다는 사실이다. 디지털기기를 통한 화면 시청시간이 많아질수록, 가정 및 사회에서 개인화되고 빠르게 변화하는 시대상에 적응하지 못해 온라인 세계에서 오두마니 혼자 존재하는 모습이 많이 보인다. 여러 온라인 플랫폼에서 자극적이고 강렬한 영상을 보는 시간이 많아질수록 청소년들의 문해력과 집중력이 현격히 뗄

불안세대

조너선 하이트 글 | 웅진지식하우스 | 528쪽 | 2024 | 24,800원

어져서 학교 현장에서 교육의 양과 질면에서 심각한 저하가 벌어진다.

이 책에서는 디지털 소셜미디어 세상과 학교 현장에서 학생들의 지적, 정서적 발달에 대한 추적통계조사 결과를 근거로 현재 청소년들이 교육적 위기상황에 직면해 있음을 알려준다. 조너선 하이트는 이런 교육적 위기 상황에서 어떤 불안이 있고, 이 불안을 타개해 나가기 위한 구체적인 행동 방법과 대안을 아래와 같이 제시하고 있다. 정부와 테크 회사는 청소년을 위한 통신기기 정책과 사업 목표를 합리적으로 의논하여 설정한다. 학교는 교내 휴대폰 사용을 금지하고 놀이 시간을 많이 확보하여 학생들이 또래와 소통할 시간이 많아질 수 있도록 한다. 부모는 자녀가 처음 핸드폰을 손에 쥐는 시간을 최대한 늦출 수 있도록 하며 자녀의 핸드폰 사용을 현명하게 통제할 것을 제안한다.

이 책은 무분별한 디지털기기 사용으로 인한 폐해가 증가하는 현 상황에 대한 인식과 타개책을 찾기 위해 학부모, 교사, 정부가 머리를 맞대어 현명한 해결책을 긴급히 모색해서 교육정책과 현장에 반영해야 한다고 주장한다.

#불안 #디지털 #소셜미디어 # 정책

고등학교 인문사회

교육과정(독서활동) 연계

[12매의01-02] 소셜 미디어나 온라인 동영상 플랫폼 등의 디지털 매체 환경에서 청소년 문화가 지닌 문제와 가능성을 탐구한다.

[12사문03-02] 미디어의 효과에 대한 이해를 바탕으로 미디어가 생산하는 메시지를 비판적으로 분석하고 대안적 메시지 생산에 능동적으로 참여한다.

함께 볼 만한 콘텐츠

- [책] 『디지털 시대에 아이를 키운다는 것』 줄리아나 마이너 글. ㈜청림Life. 2020.
- [유튜브] 〈디지털 마약에 중독되는 현대인들_거대 SNS 회사가 사람들을 중독시키는 방법/닥터프렌즈〉(6:39).
- [영화] 〈언프리티 소셜 스타〉(98분). 2017.

미술관 구석구석 관람법

— 신정임

‘공간은 사람을 만들고, 사람은 공간을 만든다’는 말이 있다. 내가 1주일간 만난 사람이 나의 미래이듯이 내가 주로 머무는 공간 또한 나의 미래가 될 수 있다고 생각한다.

대부분의 사람은 아름답고 신기한 작품이 가득해서 그저 바라보고만 있어도 힐링이 되는 미술관을 좋아한다. 미술관은 고고하게 호수에 떠 있지만, 수면 아래에서는 끊임없이 발짓을 하고 있는 백조와 비슷한 점이 많다. 멋지게 전시된 작품이 호수 수면 위에 떠 있는 백조의 모습이라면, 수면 아래 끊임없는 백조의 발짓은 평온한 전시장의 풍경 뒤에서 쉴새 없이 움직이는 여러 분야의 미술관 종사자와 물리적인 시스템과 설비들 일 것이다.

독특하게도 ‘그림이 더 잘 보이는 미술관 이야기’는 미술관에 소장된 작품보다는 미술관이라는 공간과 미술관 관련 기술, 작품 보존 과학, 다양한 전시 방법이 주인공이 된 책이다. 즉, 미술관을 ‘예술 작품이 있는 건축물로만 보지 않는다는 것이다. 무심히 거닐기만 했던 미술관이라는 공간에 대한 사소하지만, 중요한 호기심 어린 질문에 자세한 답을 주고 있다. 관람 팁, 미술관 속 비밀의 공간, 미술관의 역사, 세계 유명 미술관, 전시 작품의 변화 등 많은 지식 정보를 전달해 준다. 작품을 한 벽면에 포화상태로 거는 ‘살롱걸기’가 많은 작품을 동시에 걸 수 있어서 명성을 얻지 못한 작가들에게 자신을 알릴 기회를 제공해 줬다는 사실이 흥미롭다. 국립중앙박물관 어린이 박물관 화재 진압 장치가 전시물의 훼손을 막기 위해 박물관과 사무동은 수계 소화 방식인 스프링클러, 전시실과 수장고 구역은 가스계 소화방식을 선택했다는 점 또한 지혜로운 결정

그림이 더 잘 보이는 미술관 이야기

이소영 글 | 모요사 | 320쪽 | 2024 | 19,000원

이라 생각된다. 전시 작품 외에 많은 작품이 보관된 수장고 공간과 작품 보전, 복원, 복제를 위해 첨단의 과학기술이 필요하다는 사실도 새삼 알게 한다.

책을 읽다 보면 작가가 언급한 국내뿐만 아니라 국외의 여러 특색 있는 멋진 미술관을 꼭 한번은 가보고 싶은 마음에 미술관 이름을 열심히 메모하게 된다. 미술관에 전시된 그림, 조각 등 작품을 소개한 책은 많지만, 미술관에 초점을 맞추어 관람법, 역사, 세계의 미술관, 아트숍, 미디어아트 감상 등에 관한 여러 사항을 전문적으로 알려주는 책은 드물다.

이 책은 관람객이 미술관을 종합적으로 잘 이해하고 즐길 수 있도록 한 미술관 관련 안내서로 유용하게 읽힐 책이다. 무엇이든 아는 만큼 보인다고 한다. 이 책을 읽고 나면 여기에 소개된 여러 미술관을 직접 방문해 보려고, 미술관 관람 휴가 계획을 세우고 있는 자신을 발견하는 마법을 경험하게 될 것이다.

\#미술관 #관람 #그림# 숨은 이야기

고등학교 인문사회

교육과정(독서활동) 연계

[12미03-04] 전시의 목적과 유형을 이해하여 전시를 기획하고 참여할 수 있다.

[12미감01-01] 미술의 역사, 정치, 경제, 사회적 변천 과정과 특징을 분석하여 작가와 작품의 미술사적 의의를 이해할 수 있다.

[12미감01-03] 온오프라인 전시 공간에서 작품을 감상하고 해석하며 서로의 의견을 포용할 수 있다.

함께 볼 만한 콘텐츠

- [책] 『그림의 힘』 김선현 글. 세계사. 2024.
- [유튜브] 〈[주말&문화] "더욱 아름답게"… 미술관 작품전시의 비밀〉. KBS News(1:52).
- [영화] 〈내셔널 갤러리〉(180분). 2016.

미스터리의 필연적 존재 이유, 우리가 미스터리를 읽는 이유

— 심하나

나는 장르를 불문하고 다양한 도서를 읽어야 하는 직업을 가지고 있음에도 불구하고 미스터리 장르를 그다지 좋아하지 않는다. 책을 읽는 내내 작가와 내가 힘겨루기를 하는 모양새고, 특히 열린 결말일 경우엔 '이 책을 왜 읽었나' 와 같은 허탈감이 들기 때문이다. 그런 내가 서평을 쓰겠다고 이 책을 고른 이유는 순전히 '왜 사람들은 미스터리를 좋아하는가?'가 궁금해서다.

책의 구성은 크게 미스터리 장르의 탄생 배경과 대표작들을 다룬 1부, 하위 장르(오컬트, 역사 미스터리, SF미스터리 등)에 대해 설명한 2부, 현대의 미스터리 장르적 특징과 한국 대표 작가들을 소개한 3부로 되어있다.

미스터리의 역사를 먼저 이해해보자. 미스터리 문학의 출발은 부르주아 계급에서, 부르주아에서 시작됐다. 이 책에 따르면 19세기만 해도 미스터리는 가진 자, 계급층의 향유물 성격이 뚜렷했다고 한다. 거친 외양을 지닌 노동자 계급은 잠재적인 위험 인자, 많이 배우고 가진 게 많은 부르주아 계급은 탐정 이라는 상반된 캐릭터로 설정된 소설들을 보면 알 수 있다. 초기 탐정소설에서 범죄자들은 부르주아들에 의해 교화되고 다시 세상은 완벽하게 질서정연한 모습이 된다.

이와 다르게 오늘날 미스터리가 마주한 세계는 법에 대한 근본적인 신뢰가 흔들린 상태이며 다양한 개성과 특성을 가진 범죄들을 상대한다. 초월적 악의 존재라든지, 범죄의 인과관계를 따지기 힘든 사이코패스 범죄자들 말이다.

따라서 현대의 매체에서는 범죄의 인과관계나 범죄자 개인의 사연에서 벗어나 선천적(어쩔 수 없이 필연적으로 일어날 수밖에 없는 범죄)이고 자연화된 범죄에 초

이것은 유해한 장르다
박인성 글 | 나비클럽 | 252쪽 | 2024 | 20,000원

점을 맞춘다. 이야기의 서사보다는 캐릭터 자체가 이야기를 전달하는 핵심 매개체가 되는 셈이다.

작가는 이 책을 통해 그저 범인을 찾아내는 통쾌함을 찾는 것에서 벗어나 범죄를 만드는 사회적 증상들, 반대로 그것을 해결하기 위한 우리의 모든 노력에 집중해야 한다고 말한다. 책 말미에 그는 "현대의 명탐정은 추리하지 않는다. 그것은 이성과 논리의 힘에서 비롯되는 추리의 위력을 포기하는 것이 아니다. 오히려 미스터리가 다루어야 하는 다양한 사회적 갈등과 병리적 증상, 폭력적 일상을 효과적으로 다루기 위해 수많은 사연의 세계에 귀를 기울여야 한다"고 말한다. 장르문학으로 출발했으나 사회현상과 맞닿아 어쩌면 지금 우리에게 가장 시급한 것을 알려주는 동시에 해결해야 하는 과제는 무엇인가 질문을 던지는 것이 바로 미스터리 장르인 셈이다. 이것이 미스터리를 읽어야 하는 이유라면 나도 이제 조금씩 시도를 해봐야겠다.

#장르문학 #미스터리 #오컬트 #사이코패스

고등학교 인문사회

함께 볼 만한 콘텐츠
- [책] 『미스터리 가이드북』 윤영천. 한스미디어. 2021.
- [영상] 월말김어준 〈장르 집중탐구1: 미스터리〉(73:44). 2023.

아무도 말하지 않는, 그러나 반드시 알아야 하는 우리 이야기

— 심하나

　우리나라 20대 취업자 43퍼센트가 무려 비정규직이라는 뉴스를 읽은 적이 있다. 힘든 취업문을 뚫고 들어갔다지만 취업과 동시에 둘 중 한 명은 고용불안을 겪어야 한다는 소리다. 고등학생들의 대학 선택에 있어서도 학문적으로 배울 가치가 있는지를 따지기보다는 취업이 잘되는지, 높은 보수를 받는다던가 사회적으로 인정받는 직업을 가질 수 있는지를 중요하게 따지는 걸 생각하면 결국 대학 입학 전부터 피 터지는 취업 전쟁의 시작인 셈이다.

　이 책은 무려 6,411명의 노동자의 목소리를 담고 있다. 대리운전자, 배달노동자, 발달장애인 취업지원센터장, 협동농장 간부, 소설가 등 모두 다른 일을 하고 있지만 고용불안정과 생활이 불안정한 정도의 급여를 받고 있다. 하나같이 '존재하되 존재를 미처 느끼지 못하는' 직업인이라는 것이다.

　개인적으로 가축위생방역지원본부 조합원의 글을 가장 인상 깊게 읽었다. '나는 언제부터 내 일터가 부끄러워졌나'라는 제목이 마음을 후벼팠다. 입사 당시만 해도 그 누구보다 당당하고 자부심이 넘치던 그가 어느 순간부터 본인의 직업을 남에게 소개할 때마다 위축이 되고 부끄러움마저 느끼게 됐을까. 하루에 수백 마리 가축을 도축하고 위생시료를 채취하는 등 고된 일을 하고 있지만, 그의 이름은 축산물 그 어떤 서류에도 남지 않는다. 그는 비정규직이기 때문이다. 열심히 도축검사를 수행해도 공식적으로는 없는 존재다. 해당 현장의 무려 95퍼센트가 비정규직인 일터에서 그는 일을 하면 할수록 처음 느꼈던 보람과 긍지 따위는 버린 지 오래다.

　두 번째로는 메가스터디라는 대형학원서 일하는 기숙학원 노동자의 글이

나는 얼마짜리입니까
6411의목소리 글 | 창비 | 376쪽 | 2024 | 20,000원

다. 글쓴이는 현재 학원 측의 강요로 노동법으로 보장된 휴게시간조차 마음대로 쉬지 못했을 뿐 아니라 휴게시간 노동에 대한 임금을 받지 못했고 이에 대해 학원을 상대로 한 법적 소송 중이다. 해당 학원은 국내 최대 로펌 변호사들을 고용해 법적 대응 중이다. 대형학원에서 일하는 노동자가 무려 1600여 명인 것도 놀라운데 이들 대다수가 비정규직, 게다가 최저시급에 겨우 준하는 월급을 받고 있다는 사실은 더 놀랍다. 이를 우리는 어떻게 받아들여야 하는 걸까.

이 책은 사회와 제도, 심지어 함께 일하는 동료들로부터 외면받은 사람들의 이야기로 가득하다. 따라서 노동의 내면, 뒷모습, 아프고 추악한 면을 볼 수 있지만 그렇기 때문에 이 책은 시간을 내서라도 읽어볼 가치가 있다. 특히 고등학생들에게 추천한다. 이 책을 읽고 '나는 비정규직 따위는 절대로 하지 않을 테야'라고 마음먹기보다는 이들의 목소리에 귀를 기울이고 동행하는 자세를 갖춘 미래 직업인으로서 자라나길 바란다.

#비정규직 #노동자 #더불어 사는 삶

교육과정(독서활동) 연계

[12진로02-07] 고용 관계의 권리와 책임을 이해하고, 상호 존중의 자세를 지닌다.

[12법사03-01] 법으로 보장되는 근로자의 권리를 이해하고, 이를 일상생활의 사례에 적용한다.

[12법사03-02] 인간다운 생활을 보장하려는 사회보장과 경쟁 및 소비자를 보호하기 위한 법적 근거를 탐구하고, 구체적인 사례에서 공공 쟁점을 찾아 토론한다.

함께 볼 만한 콘텐츠

• [책] 『알바생 자르기』 장강명. 아시아. 2016.

• [영화] 〈다음 소희〉(138분). 2023.

고등학교 인문사회

알고 먹어야 맛있지?!

— 황왕용

 남원상 작가는 한국의 지리와 문화를 음식과 연관 지어 풀어내는 글로 주목 받는 작가다. 그의 책 『맛집에서 만난 지리 수업』은 한국 곳곳의 지역 먹거리, 축제, 자연지리 등을 소개하면서 지리, 역사, 문화적 맥락으로 풀어낸 작품이다. 이 책에서는 지역별로 유명한 음식이 어떻게 그 지역의 환경과 역사적 배경에 의해 만들어졌는지를 상세히 설명한다.

 "유래를 알고 먹는 맛과 모르고 먹는 맛은 확실히 다르니까요. 이미 먹어 본 음식이더라도 책을 읽고 난 뒤엔 식재료며 양념이며 그릇에 담은 모양새 하나하나가 전혀 새롭게 느껴질 것입니다."(7쪽)

 작가는 음식 한 접시를 통해 지역의 자연환경, 문화, 역사를 배울 수 있는 재미를 선사한다. 예를 들어, 강원도 춘천 막국수 축제는 메밀이 풍부한 지역적 특성과 연관이 깊다. 메밀은 척박한 환경에서도 잘 자라는데, 춘천 지역의 기후와 토양이 메밀 재배에 적합했기 때문이다. 또한, 경기도 의정부 부대찌개 축제는 이 지역에 주둔한 군부대와 관계가 깊다. 한국전쟁 이후 미군 부대에서 흘러들어온 식재료로 만든 부대찌개가 지역 명물로 자리 잡았다. 의정부는 조선시대 최고 의결 기구라는 것도, 그 기구가 왜 의정부에 존재하는가에 대한 답도 흥미롭게 소개한다.

 목포 세발낙지는 갯벌이 발달한 지역 특성 덕분에 풍부하게 잡힌다. 이처럼 낙지가 많이 잡히는 환경 덕분에 목포는 세발낙지 요리로 유명해졌고, 이는

맛집에서 만난 지리 수업

남원상 글 | 서해문집 | 256쪽 | 2023 | 16,800원

지역 경제와 문화에도 큰 영향을 미쳤다. 경기도 수원의 왕갈비는 예로부터 소갈비가 많이 생산되던 지역적 특성을 살린 음식으로, 수원 화성 행궁을 찾은 손님들을 대접하는 데 사용되었다.

이 책은 한국 각지의 음식을 통해 그 지역의 지리적, 역사적 특성을 흥미롭게 배울 수 있게 구성되어 있다. 남원상 작가의 재치 있는 필체는 청소년 독자들이 지리를 쉽고 재미있게 배우는 기회를 제공하리라 확신한다. 더 나아가 가족과 여행을 떠나 음식 뒤에 숨은 이야기를 한다면 얼마나 멋질까? 연천, 의정부, 서울, 인천, 수원 등 수도권은 물론, 제주도까지 21개 고장의 음식 이야기가 담겨 있다.

최근에는 『맛집에서 만난 세계지리 수업』이 출간되었다. 한반도의 지리적 배경을 넘어 열대, 온대, 건조, 냉대, 한대 기후 지역의 음식과 지리적 맥락을 연결하여 설명한 책이다. 폭우와 가뭄을 견뎌 낸 태국의 똠양꿍, 화려한 미식 문화의 꽃인 프랑스 코코뱅 등 목차만 살펴도 호기심을 자극하여 상상하게 만드는 책이다.

#맛집 #향토음식 #푸드지오그래피

교육과정(독서활동) 연계

[12여지02-02] 다양한 문화 경관의 형성 배경과 의미를 이해하고, 감정이입과 공감의 자세로 여행지 주민을 배려하고 존중한다.

[12여지04-02] 여행이 주는 가치의 재발견을 통해 자신만의 여행 포트폴리오를 구성하고 나의 삶을 변화시키는 일상 속의 다양한 여행을 실천한다.

함께 볼 만한 콘텐츠

- [책] 『맛집에서 만난 세계지리 수업』 남원상. 서해문집. 2024.
- [책] 『푸드 지오그래피』 김영규 외 4인. 푸른길. 2024.

질문으로 창의력을 올려볼까?

— 황왕용

저자는 멘사 회원으로 tvN 〈문제적 남자〉를 기획하고 출연했고, 라디오, 유튜브를 진행한다. 그는 인간의 생각을 더 깊이 있게 만드는 '질문'에 대해 연구한다. 이 책은 질문과 사고에 대한 새로운 시각을 제시하는 책이다. AI 시대가 본격적으로 자리 잡은 요즘 중요한 건 '질문하는 힘'이라고 말한다. 불확실한 시대엔 정해진 답보다는, 끊임없이 질문을 던지며 자신만의 답을 만들어가는 게 필요하다고 역설한다.

책은 크게 네 장으로 나뉘는데, 장마다 질문과 사고력을 키우는 구체적인 내용을 다룬다.

1장은 우리가 제대로 질문하는 법을 배우지 못했다는 문제의식에서 출발한다. 똑똑한 사람은 질문 전에 어떤 생각을 하는지, 그리고 질문하는 뇌로 자신을 세팅하는 방법을 다루고 있다. 결국 좋은 질문은 단순한 지식이 아니라, 사물을 보는 새로운 관점을 만들어낸다. 이 과정에서 "생각하는 물음표형 뇌"를 만드는 습관을 들이는 게 중요하다고 말한다.

2장에선 상대와 대화할 때 질문의 기술이 얼마나 중요한지 다룬다. 논리만 앞세워 질문하는 편보다 공감을 바탕으로 질문해야 진짜 효과를 얻을 수 있다는 내용이 와 닿는다. 특히 첫인상을 좌우하는 질문의 태도, 대화 흐름을 뒤집는 반전 질문법 같은 실질적인 팁들까지 세세하게 설명한다.

3장은 질문을 던지는 중요성, 사례를 통한 질문 훈련 기법 등이 소개되어 있다. 예를 들어 창의적인 아이디어를 떠올리는 것도 질문에서 시작된다는 사례를 보여준다. 그냥 아는 것과 진짜로 이해하는 것 사이엔 큰 차이가 있는데,

똑똑한 사람은 어떻게 생각하고 질문하는가

이시한 글 | 북플레저 | 256쪽 | 2024 | 16,800원

그 연결고리가 질문이라고 여겨진다.

마지막으로 4장은 AI 시대에 우리가 사고력을 확장하는 방법을 다룬다. AI가 모든 정보를 쉽게 제공해주는 시대라고 해도, 정작 그걸 활용하려면 질문력이 중요하다. 예를 들어 할루네이션 오류[*]에 대응하여 오류를 잡아주는 사례를 보여주는 등 AI의 실제 활용 사례를 통해 설명하기에 매우 흥미롭다.

이 책은 단순히 질문의 중요성을 강조하는 데 그치지 않고, 구체적인 방법과 사례를 통해 실천할 수 있도록 돕는다. 특히 AI 시대라는 맥락에서 질문의 가치를 새롭게 해석한 점이 인상적이다. 책이 전하려는 핵심 메시지는 질문은 단순한 호기심의 표현이 아니라, 지식과 지성을 연결하는 다리라는 점이다.

결국 이 책은 좋은 질문이 '우리 인생에 가장 적절한 답'을 만들어간다는 것을 증명한다. 답을 찾는 데 급급하지 않고 질문을 통해 나만의 답을 만들어가는 삶을 살고 싶다면, 꼭 읽어볼 만한 책이다.

#AI #질문 #사고력 #창의력

---

[*]AI가 실제로 존재하지 않거나 틀린 정보를 마치 사실처럼 제시할 때 발생한다.

교육과정(독서활동) 연계

[12독토01-01] 개인이나 공동체의 관심사를 고려하여 읽을 책을 선정한 후 질문을 생성하고 주체적으로 해석하며 책을 읽는다.

함께 볼 만한 콘텐츠

- [유튜브] 〈질문의 힘 'Why' (Lucky Louie)〉(2:40).
- [유튜브] 〈행운을 만드는 질문의 힘(세바시 574회)〉(14:52).

규범을 거부하고 자신의 삶을 살아간 그리스 철학자 히파르키아

— 고을레라

기원전 4세기 그리스 북부의 마로네이아, 여성과 노예는 그리스 시민으로 인정받지 못하던 시절 모두가 평등하다고 생각한 당찬 여성이 있었다. 부유한 가문에서 태어난 히파르키아는 결혼 적령기를 지나고 있었다. '좋은 여자란 좋은 주부'라고 믿던 가족의 고민거리였던 그에게 혼담이 들어오고 선을 보기 위해 지식의 중심지인 아테네로 향한다. 가족들은 그녀에게 어려운 대화(철학적인 질문)는 하지 말고 미소만 지으라고 당부한다. 하지만 그녀는 책 읽기를 좋아하고, 여성과 남성, 동물과 인간이 왜 다른지, 좋은 인생, 행복한 삶이란 무엇인지 고민하고 끊임없이 질문하는 사람이었다. 아테네로 간 그녀에게 무슨 일이 일어날까?

이 책은 동글동글 따뜻한 느낌의 그림체와 색감이 아름다운 그래픽 노블로 바바라 스톡이 글을 쓰고 그림도 그렸다. 인생의 의미와 옳고 그름에 대한 질문을 던지는 작가는 1998년 『뼛속까지 바바라적인』으로 데뷔하였다. 『반 고흐』는 한국을 비롯한 20여 개국에서 번역 출간되어 많은 사랑을 받았으며 '네덜란드 5대 만화가'로 선정되기도 하였다. 거의 알려진 것이 없는 그리스 철학자 히파르키아의 기록을 찾고 당시의 식문화, 인물 간의 대화, 사건 하나까지 고증하여 출간까지 5년이 걸렸다.

아테네로 떠난 히파르키아는 명망 높고 부유한 집안의 아들과 만나 결혼하기 위해 노력하지만, 마음이 편치 않다. 자신의 본모습과 생각을 당당하게 보여주지 못하던 히파르키아는 길에서 생활하는 견유주의 철학자 '크라테스'를 알게 되고 생활방식과 철학에 깊은 감명을 받는다. 적극적이고 용감한 히파르키아는 크라테스와 대화하기 위해 남장을 하기도 한다. 진정한 삶에 대해 고민

철학자, 강아지, 결혼

바바라 스톡 글·그림 | 김희진 옮김 | 미메시스 | 304쪽 | 2024 | 25,000원

하고 자신만의 방법을 찾기 위해 노력하면서 생각의 폭이 넓어지고 깊어진다.

"자기 행복이 좋든 나쁘든 다른 사람들 의견에 좌우된다면, 가장 하급한 형태의 노예 상태에 종속된 겁니다." (99쪽)

"극도로 최소한 것에 행복해하는 이들만이 전적으로 자유롭지요." (164쪽)

크라테스는 진정한 행복을 위해 자신을 해방하라고 한다. '자신을 알고 대중이 만든 가치와 도덕보다 진실을 따르라'고 말한다. 내가 무엇을 할 때 행복한 사람인지, 무엇을 좋아하고 무엇을 싫어하는 사람인지 우리는 잘 알고 있을까? 사회에서 중요하다고 이야기하는 것에 휘둘리지 않고 내면의 목소리를 듣고 자신만의 가치와 진실에 귀 기울이는 태도는 지금 더욱 중요하다. 히파르키아의 삶을 따라가며 우리도 용기를 내보자. 남의 시선과 의견을 살피느라 자신이 원하는 것을 하지 못하고 주저하는 사람, 새로운 도전이 두려운 사람에게 이 책을 추천한다. #그래픽노블 #철학자 #히파르키아 #그리스 #행복 #견유주의

고등학교 인문사회

교육과정(독서활동) 연계

[12인철01-01] 철학하는 삶의 특징을 이해하고 근원적인 물음을 탐구·발견하여 주체적으로 성찰하는 태도를 갖춘다.

[12인철01-02] 철학적 사유의 특징과 철학하는 방법의 주요 요소를 분석하고 이를 생활 속 여러 문제에 적용한다.

[12인철01-04] 인간의 한계 상황을 느끼고 깨달으며 삶의 여러 선택 상황에서 스스로 철학하기뿐 아니라, 함께 철학하기를 통하여 주체적이고 책임 있는 태도를 갖춘다.

함께 볼 만한 콘텐츠

• [책] 『세상에서 가장 흥미로운 철학 이야기-고중세 편』 이동희 글. 휴머니스트. 2010.
• [책] 『고대의 못 말리는 여자들』 비키 레온 글. 손명희 옮김. 최재호 그림. 꼬마이실. 2005.
• [책] 『유명한 철학자들의 생애와 사상 1』 디오게네스 라에르티오스 글. 나남. 2021.

빈곤 청소년, 10년의 성장 기록

— 고을레라

이 책은 25년 경력의 강지나 교사가 빈곤의 대물림에 관한 연구를 하는 과정에서 만난 여덟 명의 아이들과 10여 년간 진행한 인터뷰 기록이다. 빈곤 가정 청소년이라는 추상적이고 모호한 집단이 아니라 각기 다른 개인의 생생한 목소리를 들려주어 더욱 울림이 크다.

"나는 성장하고 싶은 어린 생명이 가난이란 굴레와 가족으로 인해 어떤 영향을 받고 굴절되고 다시 일어서는지 그들의 목소리로 기록하고 싶었다." (7쪽)

여덟 명 학생 중 특히 인상적인 두 학생이 있다. 3대째 가난과 병력이 대물림되는 환경에 있는 소희가 그 첫 번째 학생이다. 노름하는 외할아버지, 알코올 중독 외할머니, 글을 읽지 못하는 우울증 환자 엄마, 술만 마시면 엄마를 때리는 조현병 새아버지, 게임중독으로 고등학교를 중퇴한 오빠가 가족이다. 일탈과 가출, 동거를 반복하다 중학교를 마치지 못한 소희를 잡아준 것은 지역의 사회복지관이다. 다행히 사회복지사의 관심과 지원으로 소희는 중학교, 고등학교 검정고시를 보고 대학에 진학하여 사회복지사 1급 자격증도 땄다. 하지만 20대 후반의 소희는 직장생활을 하면서도 여전히 외로움을 견디기 어려워하며 친밀한 관계와 애정을 갈구한다. 저자는 혼자만의 결심과 성취 욕구만으로는 자립이 어렵다고 주장하며 보살펴 주고 이끌어 주는 관계망이 필요하다고 이야기한다.

저자 연구에 가장 많은 영향을 준 학생은 지현이다. 정규교육을 받지 못한 어머니는 알코올 중독 아버지를 피해 이사를 다니며 일을 하다 사고가 나 더

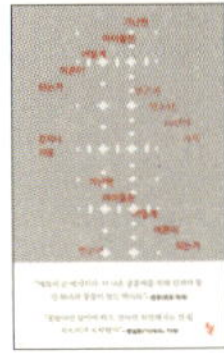

가난한 아이들은 어떻게 어른이 되는가
강지나 글 | 돌베개 | 280쪽 | 2023 | 17,500원

이상 일을 할 수 없게 된다. 그럼에도 주변 사회단체에 적극적으로 도움을 요청하고 방법을 찾아냈다. 그런 유쾌하고 강인한 어머니는 딸이 긍정적이고 자존감 높은 사람으로 성장하는 데 큰 영향을 주었다. 지현은 자신이 무엇을 원하는지 알고 있었고 가난을 부끄러워하지 않았다. 저자는 지현이 빈곤에서 벗어날 수 있었던 이유로 '성찰하는 힘'을 꼽는다. '성찰하는 힘은 인간이 사회적, 정신적으로 성숙해지고, 독립적인 인간이 되기 위해 가져야 할 가장 중요한 덕목(97쪽)'으로 공교육에서 청소년이 그 힘을 키울 수 있도록 도와주어야 한다고 말한다. 또한 '정체감을 형성하고 진로 전망을 꿈꿔야 하는 청소년들에게 대를 이어 빈곤을 경험하게 하는 일은 철저한 사회적 살인 행위(261쪽)'라 강하게 이야기하며 '빈곤 대물림'을 생태계 문제와 팬데믹처럼 시급한 사회문제로 다뤄야 한다고 주장한다.

가난한 가정의 아이들이 자신과 비슷한 상황에 있는 다른 친구들은 어떻게 성장했는지 살펴보고 내면의 힘을 키우는 데 도움을 받을 수 있다면 좋겠다.

#인문에세이 #사회비평 #빈곤 #청소년 #인터뷰

교육과정(독서활동) 연계

[12사문04-01] 사회 불평등 현상을 이해하는 서로 다른 관점을 비교하고, 사회 이동과 사회 계층 구조의 유형 및 특징을 분석한다.

[12사문04-03] 복지 국가의 발전 과정에 대한 이해를 바탕으로 사회 복지 제도의 유형과 특징을 비교하고, 현대 사회에서 나타나고 있는 사회 복지를 둘러싼 쟁점을 토론한다.

[12정치01-01] 정치의 의미와 공동체 유지 발전에 정치가 필요한 이유를 이해하고, 일상생활에서 나타나는 정치의 사례를 찾아 분석한다.

함께 볼 만한 콘텐츠

- [책] 『알지 못하는 아이의 죽음』 은유 글. 돌베개. 2019.
- [책] 『일인칭 가난』 안온 글. 마티. 2023.
- [책] 『슬픔의 방문』 장일호 글. 낮은산. 2022.
- [영화] 〈다음 소희〉(138분). 2023.

위로가 필요한 순간이 있다면

— 윤기선

대만의 인터넷 포털 대표이자 작가인 잔홍즈는 저서 『여행과 독서』에서 "독서는 앉아서 하는 여행이고, 여행은 서서 하는 독서"라고 했다. 이처럼 여행과 독서에는 새로운 곳으로 떠난다는 공통점이 있다. 책을 펴자마자 어디로든지 갈 수 있는 문을 연 것처럼 그곳으로, 그 사람들에게로 데려다준다. 이 책도 그런 느낌이다. 작가는 프랑스에서 12년간 살면서 힘들고 지칠 때 가장 오랜 시간을 머물고 위로와 영감을 받았던 공간과 그림을 위주로 정리해 7일간의 미술관 여행기를 들려준다.

1장은 미술관에서 하루를 온전히 보내길 바라는 마음으로 오르세 미술관, 루브르 박물관, 오랑주리 미술관, 퐁피두 센터, 로댕 미술관 각각의 역사, 배경, 특징을 함께 안내한다. 그리고 그곳에서 작가가 제일 기억에 남는 그림과 작가 위주로 소개한다. 2장은 파리의 작은 미술관도 살펴보길 바라며 프티 팔레, 파리 시립 현대 미술관, 마르모탕 미술관, 귀스타브 모로 박물관의 공간과 그림, 작가의 이야기 위주로 친절하게 소개한다.

낮보다 아름다운 밤을 그리고 싶은 고흐의 작품을 오르세 미술관에서 만나 그가 그린 다른 밤의 풍경들을 작가와 함께 살펴보았다. 그가 그림을 그릴 때 붓, 나이프, 손을 이용해 물감의 질감이 느껴지는 임파스토(Impasto) 기법을 사용했다는 점과, 이 때문에 원작을 감상할 때 정면에서 먼저 보고 옆으로 자리를 옮겨 물감의 두께를 살펴보며 화가의 터치를 생생하게 느껴보는 것도 좋은 방법이라는 점을 알게 되었다. 덕분에 다시 마주하게 된 「론 강의 별이 빛나는 밤」이 전보다 더 입체적이고 풍부하게 보였다.

미드나잇 뮤지엄: 파리
박송이 글 | 빅피시 | 306쪽 | 2023 | 18,800원

오랑주리 미술관에서 만난 클로드 모네의 대형 수련 연작은 설명만으로 공간을 궁금하게 만들었다. 두 개 층으로 이루어진 건물의 한 층 전체가 오로지 수련만을 위한 공간으로 쓰이고 있었다. 그가 기획한 작품의 배치, 그림 간 거리, 관람자의 동선과 천장으로 들어오는 자연광까지. 비록 생전에 관람객을 직접 맞이하지 못했지만, 그가 기획한 공간은 전쟁으로 상처받고 혼란한 시대를 살아가는 이들이 수련을 바라보는 것으로, 천장에서 쏟아지는 자연광으로 사람들을 감싸 안으며 위로하는 느낌이었다.

프랑스 문화부 공인 문화해설사로 활동하고 있는 작가가 미술관과 작품에 대해 쉽고 흥미롭게 설명하고 있어서 미술에 관심이 있거나 파리를 여행하고 싶은 사람들이 읽기 좋은 책이다. 힘들고 지칠 때 이 책과 함께 파리의 미술관을 거닐면서 마음에 드는 작가와 작품을 감상하고 여기에 깃든 이야기에 귀를 기울여보는 건 어떨까. #미술관#오르세 미술관#루브르 박물관#오랑주리 미술관#퐁피두 센터#로댕 미술관#프티 팔레#파리 시립 현대 미술관#마르모탕 미술관#귀스타브 모로 박물관

교육과정(독서활동) 연계

[12미감01-01] 미술의 역사, 정치, 경제, 사회적 변천 과정과 특징을 분석하여 작가와 작품의 미술사적 의의를 이해할 수 있다.

[12미감01-02] 자신의 삶과 관련된 작가와 작품을 탐색하여 공감하고 진로와 연결할 수 있다.

[12미감01-03] 온오프라인 전시 공간에서 작품을 감상하고 해석하며 서로의 의견을 포용할 수 있다.

함께 볼 만한 콘텐츠

- [책]『파리의 미술관』이혜준 외 글. 클로브. 2023.
- [영상] EBS평생학교 〈가장 지적인 파리, 오르세 미술관 & 생 제르맹 데 프레(이하 영상 제목 생략)〉(12:56). 2023.4.12.
- [영화] 〈나의 위대한 친구, 세잔〉(114분). 다니엘르 톰슨. 2016.
- [영화] 〈러빙 빈센트〉(95분). 도로타 코비엘라. 2017.

배려하는 디자인과 배려하는 행동

― 고을레라

시각디자인을 전공한 방일경 교수는 22개국 디자이너들과 소통하며 디자인의 진정한 의미와 가치를 전하고자 2019년 '디자인에도 태도가 필요하다'는 카피로 『배려하는 디자인』을 펴냈다. 2020년 세종도서 교양 부문에 선정되었고, 팬데믹 시기를 거치며 디자인 역할을 추가하여 2024년 개정증보판을 출간하였다.

디자인이란 무엇인가? 저자는 서문에서 디자인이란 '지금보다 더 나은 삶과 사회, 환경을 만들어 나가는 모든 행위와 시스템을 지칭(4쪽)'한다고 정의한다. '물건의 외적인 아름다움과 기능에만 관계하는 것이 아니'라 '모든 사람과의 조화를 추구하고 지역 공동체를 활성화하며 개발도상국의 문제에도 관여하여 비전을 제시할 수 있어야(5쪽)' 바람직한 디자인이라고 이야기한다.

책은 크게 인간적인, 우호적인, 생태적인 세 부분으로 나뉘어 총 열다섯 가지 배려하는 디자인을 보여준다. 디자인 분야를 잘 모르는 일반인이 보기에 이렇게 디자인 분야를 나눌 수 있다는 점이 새롭고 호기심을 자아낸다.

모두를 위한 유니버설 디자인의 예로 '만지는 시계(브래들리 타임피스)'가 소개된다. 앞면과 옆면의 쇠구슬이 분침과 시침을 대신하여 영화관, 공연장 같은 어두운 장소에서 사용할 수 있으며, 회의 또는 수업 중일 때 유용해 시각 장애가 없는 사람에게도 유용하다. 모두의 일상에 스며드는 공공 디자인으로 어린이를 지키는 횡단보도 대기 '옐로 카펫'과 보도블록에 설치된 '바닥 신호등', 팬데믹 이후 스스로 살균하는 '문손잡이', 여러 사람의 지문 터치로 인한 감염 위험을 낮추는 터치스크린 '무빙 버튼', 혼자 산책할 수 있는 '거리두기 공원' 등이 있으며 디자인을 통해 사회 구성원의 더 나은 삶을 지원한다. 감귤 껍질로 만

배려하는 디자인
방일경 글 | 미술문화 | 344쪽 | 2024 | 23,000원

든 스툴과 꽃병처럼 근본적으로 생태적인 문제가 발생하지 않도록 하는 제로 디자인과 휴지를 덜 쓰게 만드는 '네모난' 화장지, 나무 모양이 그려진 화장지는 부드러운 개입을 통해 의도를 전달하는 넛지 디자인의 사례로 인상적이다.

플라스틱과 쓰레기를 재사용하거나 재활용하는 다양한 아이디어도 제시하고 있다. 문제는 경제성과 지속성이다. 생태적인 디자인을 적극적으로 활용하고 지원하여 소비자가 불편을 감수하는 행동을 하도록 장려하는 일은 정부가 움직여야 가능하다. 디자이너의 역할에서 더 나아가 개인의 책임, 정부의 정책과 예산 지원으로 이어질 수 있도록 많은 관심을 가져야 한다. 이 책을 통해 다양한 사례를 접하고 토론하고 행동할 수 있는 시작점이 되면 좋겠다. 참고문헌과 출처, 색인, 사이트까지 꼼꼼하게 수록되어 있으니, 디자인에 관심이 많은 사람, 디자인 측면에서 배려하는 사회를 어떻게 만들어가고 있는지 궁금한 사람에게 이 책을 추천한다. #예술 #디자인 #인간 #생태 #소수자 #적정기술

교육과정(독서활동) 연계
[12기지03-04] 기후변화에 대응하기 위한 적정기술과 순환경제의 역할의 중요성을 파악하고, 에너지 전환의 중요성에 대한 이해를 바탕으로 지속가능한 세계의 모습을 제안한다.

[12기지04-03] 정의, 책임 그리고 배려 등과 같은 생태시민의 덕목을 사례 탐구를 통해 이해하고, 인간 및 비인간이 함께 평화롭게 살아가는 공존의 세계를 위한 다층적 스케일에서의 실천 방안을 찾아 적극적으로 참여한다.

[12생환05-03] 음식, 주거, 교통, 생산과 소비 등에서 지속가능한 삶의 양식을 조사하고, 환경 정의 측면에서 지역, 국가, 국제 수준의 연대와 협력 활동을 살펴보며, 지속가능한 미래를 위한 개인적·사회적 차원의 활동에 주체적으로 참여한다.

함께 볼 만한 콘텐츠
- [책] 『미래를 위한 디자인』 조원호 글. 미술문화. 2017.
- [책] 『생태 부엌』 김미수 글. 콤마. 2017.
- [책] 『디자인의 디자인』 하라 켄야 글. 안그라픽스. 2007.

이토록 낯설고 친밀한 또 하나의 지구 시민을 위하여

― 윤기선

　지난 4월, 대한민국을 웃고 울게 만들었던 동물이 있다. 엄마 아이바오, 아빠 러바오와 함께 탄생부터 자라나는 모습을 중계해준 푸바오다. 순수하고 해맑은 판다를 바라보면서 동물과 인간의 공통점을 발견하며 웃기도 하고 중국 송환에 슬퍼하기도 했다. 더불어 푸바오를 돌보는 사육사의 태도를 보면서 직업 이상의 그 무엇이 있다고 느껴졌다. 이처럼 인간과 동물이라는 종(種)을 구분 짓지 않고 사회의 한 구성원으로서 서로의 공존을 위해서 어떤 일을 시작할 수 있을까.

　이 책은 인간과 동물이 함께 공존하기 위한 일을 고민하게 하는 책이다. 동물에 대해 당연하다고 생각하는 부분을, 무심히 넘겨버린 일들을 하나하나 짚어가면서 문제점을 제시하고 해결 방법을 생각하게 한다. 이 책의 저자는 인간과 동물의 관계 맺기를 둘러싼 인식 개선과 동물 보호 활동에 앞장서고 있는 수의인문사회학 교수로 문명의 시작부터 함께한 인간과 동물의 관계를 생물학적 분류 외에 역사, 인문, 사회적으로 되짚어보면서 차근차근 설명하고 있다.

　1부에는 인간과 동물의 관계 속에서 동물이 겪는 불쾌한 경험을 설명하며 인간중심의 현실을 꼬집고 있다. 2부에서는 현재도 문제가 되는 실험동물, 공장식 축산, 동물원 동물의 사례를 제시하며 동물 대상의 불편한 실험이, 그들이 지내는 비위생적인 환경이 사람에게 미치는 영향에 대해서 말하고 있다. 3부에서는 동물치료, 동물 안락사, 살처분과 같은 동물의 고통을 설명하고 업무를 집행하는 담당자의 트라우마와 함께 동물 복지에 대해서 생각하게 한다. 4부에서는 인간과 동물과의 공존을 위한 노력에 초점을 맞추어 진정한 동물

우리는 지구에 홀로 존재하지 않는다

천명선 글 | 21세기북스 | 256쪽 | 2024 | 18,800원

복지와 구체적인 정책의 필요성을 설명한다. 수의학과를 희망하는 학생들, 동물과 인간과의 관계에 대해 인문학적으로 알아보고 싶은 사람들, 동물권, 동물 윤리에 관심 있는 사람들이 쉽게 읽을 수 있다.

1970년대 후반 철학자 피터 싱어에 의해 생겨난 동물권은 동물실험, 동물학대 등 인간에 의한 고통을 거부할 권리를 넘어 삶의 주체로서 존중과 권리를 보장받으며 착취되지 않을 권리를 의미한다. 이는 단순히 동물의 복지를 위한 것이 아니라 인간과 동물이 공존하는 사회를 만들기 위한 필수요소인 셈이다.

인간은 동물과 같은 하나의 종(種)이다. 생태계는 서로 연결되어 있어서 동물권 문제는 인간의 건강에도, 환경에도 큰 영향을 미친다. 이를 위해 우리는 우리가 할 수 있는 수준에서 상생을 위한 노력을 해야 한다. 우리와 함께 살고 있는 동물의 삶에 관심을 갖고 생활 속에서 동물에게 해가 되는 일을 덜하고 동물을 소유하는 방식도 진지한 태도로 대할 필요가 있다.

#동물권 #인간과 동물의 관계맺기 #동물복지 #동물윤리

교육과정(독서활동) 연계

[12기환03-04] 기후위기와 환경생태 변화에 대응하기 위한 국제사회의 노력을 알아보고, 민주 시민으로서 참여 방안을 제안할 수 있다.

[12생환04-02] 생물다양성 감소와 삶의 질 저하 등 기후변화로 인한 영향과 피해의 구체적인 사례를 탐구하여 기후변화 취약성, 기후정의와 연결지어 인식한다.

함께 볼 만한 콘텐츠

• [책] 『우리도 고통과 행복을 느껴요』 김성호 글. 다림. 2024.
• [영상] 국립환경인재개발원 〈동물원 동물복지와 윤리〉(29:26). 2024.2.5.
• [영화] 〈생츄어리〉(90분). 토니 리처드슨. 2024.

내 안에 숨쉬는 수학 본능을 깨우자

— 심하나

'고백을 하나 해야겠다. 고등학교 때 미적분 시험을 망친 뒤로 나는 수학을 버렸다'라고 맨 첫 장에 밝힌 저자의 슬픈 고백이 남 일 같지 않았던 건, 나 역시 그랬기 때문이다. 오히려 나는 중학교 입학과 동시에 수학을 버렸다. 수학 점수는 학년이 올라갈수록 나아지지 않았다. 수학이 날 버린 게 아니고 내가 널 버린 거다! 웃기고 슬픈 얘기지만 그 결과는 처참했다. 대학 입시에 실패했기 때문이다.

나는 수학을 버렸노라! 다짐했다지만 아주 버리지는 못했다. 해바라기 씨를 보고 피보나치 수열을 떠올리고 기린의 무늬를 보고 보로노이 다이어그램을 생각하는 근사한 사람이 되고 싶은 욕망까지 어쩌지는 못했기 때문이다.

이 책은 총 3부('몸'을 위한 수학, '마음'을 위한 수학, '영혼'을 위한 수학), 46장으로 구성되었다. 저자는 본격적으로 책 읽기에 앞서 중요하게 당부한다. "어떤 장을 읽다 어려우면 다음 장으로 건너뛰어도 된다. 단, 내가 잠시 내버려뒀던 부분으로 다시 돌아오는 걸 잊지 말자"라고. 마치 수학을 포기했던 사람들에게 다시 수학의 세계로 건너오기를 권하는 듯하다.

고대 수학사 아르키메데스, 유클리드, 미국 나사의 전설적인 수학자 캐서린 존슨 등 저명한 이들의 수학적 업적과 소소한 에피소드를 읽는 재미도 있지만, 무엇보다도 나의 이목을 끈 부분은 수의 아름다움에 대한 이야기다.

중국계 미국인 장이탕 교수는 '쌍둥이 소수 추측'이라는 유명한 수학 문제를 연구했다. 그는 명성을 얻기 위한 게 아닌 그저 그 명제가 옳은지를 알고 싶어 했다. 쌍둥이 소수란 나란히 있는 두 소수의 차가 2인 소수쌍을 가리키는 용

다정한 수학책

수전 다고스티노 글 | 해나무 | 396쪽 | 2024 | 20,000원

어다. 결국 끈질기고 집요한 그의 노력 덕에 명제는 풀렸다. 수직선 위 수많은 숫자 중 쌍둥이를 이루는 소수가 무수히 많다는 것이 풀린 것이다. 쌍둥이 소수라니 너무 동화처럼 아름답지 않은가.

소수에 대한 이야기를 더 풀자면, 13,831처럼 8을 기준으로 서로 대칭을 이루는 회문소수, 1193같이 소수의 각 자릿수를 모두 바꾸어도 여전히 소수인 순환소수, 1,008,001처럼 앞으로 읽으나 뒤로 읽으나 같은 소수인 사원소수처럼 각각의 이름이 있다는 것도 재밌는 부분이다.

이것 말고도 이 책에는 흥미로운 수학 이야기로 가득하다. 펜로즈 패턴, 뫼비우스의 띠, 조르당 곡선정리, 미적분의 리만 합 등. 모든 장이 다 쉽게 읽히는 것은 아니지만 나 같은 수포자도 충분히 읽을 수 있을 정도의 난이도다. 책을 다 읽은 후엔 수학이 이토록 아름다운 학문임을 미리 알았더라면 얼마나 좋았을까 하는 약간의 아쉬움이 남는다.

버트런드 러셀은 "인간세상에서 나를 위로해줄 것이 하나도 없다고 느낄 때면 수학과 별이 나를 위로해준다"라고 했다. 나는 이제 막 걸음마를 뗀 아이처럼 수학의 첫걸음을 떼보려 한다. 그래서 러셀만큼은 아니지만, 수학 감수성을 지닌 인간이 되고자 한다. #수학적 사고 #수학자 #수학과 예술,철학

교육과정(독서활동) 연계

[12수과01-01] 수학과제 탐구의 의미와 필요성을 설명할 수 있다.

[12수과03-01] 여러 가지 현상에서 수학 탐구 주제를 선정하고 탐구 계획을 수립할 수 있다.

함께 볼 만한 콘텐츠

• [책] 『어쩌다 만난 수학』 고정욱 글. 책담. 2023.

• [영화] 〈이상한 나라의 수학자〉(117분). 2022.

추천도서 목록

	책제목	지은이	출판사	출판년도
1	띄어쓰기 경주	과미연 글 지은 그림	만만한책방	2024
2	주름 때문이야	서영 글·그림	다그림책	2023
3	멸치 다듬기	이상교 글 밤코 그림	문학동네	2024
4	마씨 할머니의 달꿀 송편	권민조 글·그림	호랑이꿈	2023
5	감정을 안아주는 말	이현아 글 한연진 그림	한빛에듀	2024
6	평화시장	김지연 글·그림	북멘토	2024
7	내가 만드는 사전	박선영·정예원 글 김푸른 그림	주니어마리	2024
8	나에게 들려주는 예쁜 말	김종원 글 나래 그림	상상아이	2024
9	아이리스의 신기한 미술관	크리스틴 슈나이더 글 에르베 피넬 그림	비룡소	2023
10	모두 다 음악	미란 글·그림	사계절	2024
11	음악이 왜 필요할까?	사라 월든 글 케이티 루스 그림	봄마중	2023
12	시간의 노래 얀 투롭	키티 크라우더 글·그림	책빛	2023
13	뿔라스틱	김성화·권수진 글 이명하 그림	만만한책방	2024
14	제주도가 지도에서 사라졌다	김현태 글 오숙진 그림	머스트비	2024
15	계절과 날씨: 하늘은 변덕쟁이야	박병철 글 조에스더 그림	휴먼어린이	2023
16	우리는 여름	윤슬빛 글 남수현 그림	책읽는곰	2024
17	우리 할머니는 사이보그	남유하 글 센개 그림	해와나무	2023
18	내일은 비걸	김래연 글 두둥실 그림	씨드북	2024
19	일단 치킨 먹고, 사춘기!	박효미 글 임나운 그림	주니어RHK	2024
20	호기심 소녀의 어쩌다 세계 축제 여행	박현숙 글 김병하 그림	개암나무	2023

	책제목	지은이	출판사	출판년도
21	지켜보고 있다! 너의 디지털 발자국	장예진 글 안희경 그림	썬더키즈	2024
22	카카오톡이 공짜가 아니라고?	이정주 글 허현경 그림	개암나무	2024
23	세상에 이런 법이 있다고?	박효연 글 박선하 그림	스푼북	2023
24	할머니와 함께 읽는 명화 이야기: 미술관 가는 날	정승은·김세연 글 정진희 그림	노란돼지	2024
25	(작고 아름다운) 고흐의 미술수업	반 고흐 그림 김미진 글·그림	열림원어린이	2024
26	예술로 세상을 구하라, 아트 어벤저	올라프 팔라펠 글·그림	책과콩나무	2024
27	교과서는 어렵지만 과학은 재밌어	김건구·황현아 글	시대인	2024
28	AI시대, 어린이를 위한 질문의 힘과 AI 리터러시	정유리 글 박선하 그림	팜파스	2023
29	우리 행성으로 이사 오세요	김은정 글 문보경 그림	청어람미디어	2024
30	청소년을 위한 개념 있는 식생활	배혜림·이윤정 글 김집순 그림	뜨인돌	2024
31	덕률풍	이승민 글	미래인	2023
32	안나의 목소리	시그리드 아그네테 한센 글	찰리북	2024
33	비스킷	김선미 글	위즈덤하우스	2023
34	날씨부터 동그라미	최영희 글	낮은산	2023
35	빌런의 속사정	전건우·배명은·정명섭· 박영순 글, 박영순 그림	초록비책공방	2024
36	왜 우리는 쉽게 잊고 비슷한 일은 반복될까요? : 기억하는 사람과 책임감 있는 사회에 관하여	노명우 글	우리학교	2024
37	장애인이 더 많은 세상이라면	박윤영·채준우 글	뜨인돌	2023
38	과학 재판을 시작합니다	양지열 글	다른	2024
39	하룻밤 공연장 여행: 예술, 문화, 역사가 들리는 전 세계 클래식 콘서트홀 이야기	최민아 글	다른	2024
40	어쨌든 미술은 재밌다	박혜성 글	아날로그 (글담)	2023

책제목	지은이	출판사	출판년도
41 건투를 빌어요	정일화·장필준·한동수·이승현·강민수·이정우·이청아·서유정·송재우 글	크루	2024
42 생명감수성 쫌 아는 10대	김성호 글. 서와 그림	풀빛	2023
43 경제수학, 위기의 편의점을 살려라!	김나영 글	생각학교	2024
44 과학드림의 무섭게 빠져드는 과학책	김정훈(과학드림) 글	더퀘스트	2023
45 플라스틱은 왜 지구를 해칠까요?	클라이브 기퍼드 글 한나리 그림	바나나북	2024
46 우리가 겨울을 지나온 방식	문미순 글	나무옆의자	2023
47 세계는 이렇게 바뀐다	단요 글	사계절	2023
48 느티나무 수호대	김중미 글	돌베개	2023
49 불안세대	조너선 하이트 글	웅진지식하우스	2024
50 그림이 더 잘 보이는 미술관 이야기	이소영 글	모요사	2024
51 이것은 유해한 장르다	박인성 글	나비클럽	2024
52 나는 얼마짜리입니까	6411의목소리 글	창비	2024
53 맛집에서 만난 지리 수업	남원상 글	서해문집	2023
54 똑똑한 사람은 어떻게 생각하고 질문하는가	이시한 글	북플레저	2024
55 철학자, 강아지, 결혼	바바라 스톡 글·그림	미메시스	2024
56 가난한 아이들은 어떻게 어른이 되는가	강지나 글	돌베개	2023
57 미드나잇 뮤지엄: 파리	박송이 글	빅피시	2023
58 배려하는 디자인	방일경 글	미술문화	2024
59 우리는 지구에 홀로 존재하지 않는다	천명선 글	21세기북스	2024
60 다정한 수학책	수전 다고스티노 글	해나무	2024